# Corse et Sardaigne, îles autonomes ?

*Un regard croisé*

**5-7, rue de l'Ecole-Polytechnique, 75005 Paris**

www.harmattan.com

ISBN : 978-2-343-12348-6
EAN : 9782343123486

Jean-François Ferrandi

# Corse et Sardaigne, îles autonomes ?

*Un regard croisé*

L'Harmattan

*Avec mes remerciements à Jean Christophe Alfonsi*

*L'économie est politique*

**Anonyme**

*Pensare a piedi*

*Bisogna essere lenti come un vecchio treno di campagna e di contadine vestite di nero, come chi va a piedi e vede aprirsi magicamente il mondo*

**Franco Cassano**

# SOMMAIRE

# Introduction

La Sardaigne et la Corse sont géographiquement si proches l'une de l'autre qu'il peut sembler étrange qu'aucune étude de leurs rapports économiques, en dehors du problème de la contrebande, n'ait été faite à ce jour.

Cela tient au fait que ces deux îles sont reliées historiquement à deux Etats en compétition depuis des siècles en Méditerranée, mais aussi à ces frontières invisibles, nichées souvent dans le psychisme des hommes et qui sont tout aussi séparatrices que les frontières officielles. La construction européenne modifie lentement ces données historiques.

A l'exception des travaux de Maurice Le Lannou, professeur au collège de France, la Sardaigne est une île largement méconnue en France, tandis qu'en Italie, la Corse, depuis la dernière guerre, est redevenue « *terra incognita* » .

En Corse, la Sardaigne suscite depuis quelque temps l'intérêt des chercheurs, principalement dans les domaines archéologique, ethnologique, musical, linguistique et scientifique. Les acteurs économiques sont à la recherche de débouchés et de savoir faire en voie de disparition en Corse mais encore vivaces en Sardaigne et toujours de bergers qui, ensuite, font souche dans l'île.

En Sardaigne, la Corse est aussi l'objet d'une certaine curiosité dans les milieux culturels et économiques. Celle-ci est d'ailleurs ancienne et s'appuie sur l'émigration corse en Gallura, au 19 ème siècle, très présente dans la mémoire sarde. M. L. Wagner rappelle que la Gallura et l'archipel de la Maddalena ont été repeuplés par des Corses dans une proportion avoisinant les trois quarts, au siècle dernier. Les noms corses, dans cette partie de l'île, sont légion.

En Sardaigne, on souligne son ascendance corse, lorsqu'on s'appelle Comiti, Quilichini, Alfonsi, Susini, Nicoli, Fieschi, Mela, Luciani, Morazzani, Lorenzoni ou Santoni. L'ancien Président de la république italienne, Francesco Cossiga, se plaît à dire que son nom est une déformation de Corsica, en raison

d'une lointaine ascendance corse de son aïeul. Cossu est la prononciation galluresa de Corsu (le r est muet) et les Cossu, sardes en Corse, sont corses en Sardaigne.
En France, tradition assimilationniste oblige, qui connaît la consonance sarde de noms tels que ceux de Cavada, qu'on trouve dans le Nuoro, Sardou auquel on a rajouté un o pour respecter la prononciation originelle, de Cubadda, l'ancienne présentatrice du journal télévisé de France 2 ou du député Porcu qui aurait pu rajouter un o pour se préserver des sarcasmes que son nom a probablement du lui faire subir dans sa jeunesse ?
En Corse, le tropisme et la fascination pour un nord riche et puissant, entretenu et conforté par le jacobinisme français, a détourné lentement ses habitants de ses voisins du sud.

# Chapitre 1
# Un regard croisé

### *Bergers sardes et bandits corses et vice versa*

Pour le Corse, le Sarde est perçu comme un berger, car dans le sud de l'île, il est fréquent, vu la rareté des hommes longtemps aspirés par l'armée et la fonction publique, qu'on aille chercher de l'autre coté des bouches de Bonifacio, une main d'œuvre disponible et expérimentée.
Pour le Sarde, le Corse est regardé comme un bandit, car ce fut une tradition de se réfugier en Sardaigne, lorsque les temps étaient difficiles en Corse, ce qui semble être d'ailleurs une constante de son histoire.
Cette vision réductrice mais pas tout à fait fausse des uns sur les autres est en train d'être balayée par la mondialisation et la facilité des transports. On aurait pu tout aussi bien parler de bergers corses et de bandits sardes si la faiblesse démographique de la Corse ne lui avait interdit d'exporter ses bergers. Par contre, il n'est peut-être pas exclu que la Corse soit, encore, parfois, un refuge pour les bandits sardes. La Corse, observée de Sardaigne, apparaît, aujourd'hui, comme une terre de liberté, ou, même, disent certains, de licence. Retour des choses ? « *Banditi a Orgosolo o pastori in Bavedda o pastori a Orgosolo e banditi in Bavedda* » .

### *Un renforcement des liens entre les deux îles est-il possible ?*

Le franco-néerlandais Fons-Trompenaars, l'un des meilleurs spécialistes européens des questions transculturelles dans l'entreprise, distingue les pays par les solutions qu'ils apportent à trois problèmes universels : ceux des rapports de l'homme avec le temps, avec la terre et avec les autres.
Aussi la recherche d'une intensification des échanges entre les deux îles dépend-elle, de l'idée que les Sardes et les Corses se

font du futur, de la conscience qu'ils ont de leur passé et du regard croisé qu'ils se portent. Les deux îles se représentent-elles le futur de façon suffisamment semblable et ont-elles une mémoire du passé assez proche pour réfléchir et agir en commun ?
Certes, la similitude des drapeaux à tête de maure, héritage aragonais, le souvenir commun de la Moresca, le goût, dans les deux îles, pour le jeu de la Mora et la dégustation de la rivia, rivèa ou rivredda des bergers sartenais ou gallurais, signent des convergences entre les deux îles.
Entre certains comportements sociologiques et pratiques culturelles identiques, comme le banditisme historique de type sardo-corse ou linguistiques, comme la langue sartenaise ou galluresa et un avenir de plus en plus étudié et programmé par d'autres, y-a-t-il place pour une relation plus autonome sardo-corse et l'élaboration d'un cadre commun de développement économique ? En d'autres termes, le rapport au temps, à la terre et aux autres, des Sardes et des Corses, est-il suffisamment semblable pour que des liens durables puissent se nouer entre les deux îles ? La géographie physique et humaine incite à répondre positivement, l'histoire récente négativement.
La Datar (Délégation à l'aménagement du territoire) dans un document officiel se déclare « *favorable au renforcement des relations corso-sardes* » et indique que « *cela contribuera au rayonnement de la France* » . Formons aussi le vœu que la Sardaigne et la Corse rayonnent aussi l'une vers l'autre. C'est, n'en doutons pas, l'objet des politiques « *Interreg* » mises en place par la Commission européenne. Cela donne corps ,selon une expression de Robert Lafont, à « *ces nouveaux espaces en gestation que sont les espaces transfrontaliers et les espaces culturels* » .

### *Une comparaison délicate*

Si chacune des îles peut constituer, à certains égards, le miroir passé ou futur de l'autre et indiquer les chemins à prendre ou les traverses à éviter, la comparaison entre la Corse ( 324 000 hab. ) qui a une population voisine de celle du Nuoro et la Sardaigne dont la population (1 640 000 hab.) est voisine de celle du Languedoc-Roussillon, est malaisée tout au moins au plan macro-économique En dehors de ces différences d'échelle, il y en a de nombreuses autres tenant au rôle de l'Etat, à la répartition des pouvoirs entre celui-ci et la région, à la place de chacune des îles dans leur ensemble national.

De multiples similitudes existent aussi. Elles sont d'ordre psychologique et culturel. Elles relèvent autant du qualitatif que du quantitatif. Elles ont aussi des aspects structurels.

***Des différences objectives et des similitudes structurelles***

Les différences objectives sont importantes, que cela soit dans le domaine démographique, dans celui de la production, du poids des secteurs en termes de valeur ajoutée ou d'emploi, dans celui du commerce extérieur, de sa composition, du rapport entre les importations et les exportations, de leur destination, de leur nature... Elles le sont aussi, au plan institutionnel, dans la répartition des pouvoirs entre la région et l'Etat, entre la région et les provinces. Elles le sont enfin au plan social, dans le poids respectif des différentes couches sociales, des agriculteurs et des bergers, en conflit permanent, des indépendants et des salariés.

La région autonome de Sardaigne dispose de compétences plus larges, surtout dans le domaine législatif, que la Collectivité Territoriale de Corse. Mais, de l'avis des analystes sardes, son autonomie réelle est toute relative dans les faits, surtout au plan culturel.

L'autonomie s'apparente à un système à doubles commandes que l'on retrouve dans les voitures d'auto-école. Lorsque le conducteur commet une faute ou lorsque la région ne va pas dans la bonne direction, le moniteur ou le gouvernement central reprend les commandes.

Au plan politique le même clivage existe, dans les deux îles, entre les « *partis succursalistes* » , comme on les nomme en Sardaigne, et les partis insulaires, sardistes, corsistes et autonomistes ou indépendantistes. Ceux-ci évoluent entre participation et opposition. Au début des années quatre vingt, le parti autonomiste sarde, soutenu par les partis de gauche,

préside la Région. En quelques années, en raison des affres inévitables de la participation au pouvoir, il perd la moitié de son électorat.
Le rôle et l'action de l'Etat est différent en intensité dans les deux îles. Le poids de l'Italie insulaire, comme on dit, pèse plus que celui de la France insulaire sur les décisions du centre. La Sardaigne, parfois à ses dépends (le G 8 a été déplacé de la Maddalena à l'Aquila !!!), est historiquement plus présente dans les décisions du gouvernement italien que la Corse dans celles du gouvernement français. Mais, depuis une vingtaine d'années, la situation politique dans l'île, contraint celui-ci, à se pencher, avec attention, sur la question corse.
Les fonds obtenus par la Sardaigne, à Bruxelles, sont anciens et importants et témoignent de l'intérêt du gouvernement italien pour ses îles et son Mezzogiorno, même si les résultats ne sont pas toujours au rendez-vous. La Corse est, géographiquement, plus périphérique en France, que la Sardaigne ne l'est en Italie. L'exemple de la carte météo, à la télévision, qui a de réelles difficultés à cadrer, en même temps, l'île et le continent français, sans déplacer la Corse, en est une illustration. Les radios italiennes couvrent l'île sans effort, alors que les radios françaises et même corses ont besoin d'un réseau serré de réémetteurs.
Le retard corse est historique. Il éclaire largement les problèmes actuels. La marginalité de l'île, dans l'ensemble français, en est la cause majeure. La différence sarde perdure malgré la volonté de l'Etat italien de la diluer. Cela conduit les deux peuples à éprouver des sentiments voisins vis-à-vis de problèmes souvent identiques, à l'origine, mais traités différemment.
C'est en cela que réside aussi la similitude des deux îles et le caractère commun de leur perception de l'extérieur. Elle est autant d'ordre psychologique et culturel que structurel. Au plan structurel, les revenus par habitant sont similaires. Le poids des administrations est analogue. L'évolution des secteurs primaire, secondaire et tertiaire, en pourcentage, est semblable que cela soit en termes de personnes employées ou de valeur ajoutée. L'attitude devant la consommation est la même. L'urbanisation et la désertification des zones internes sont comparables. L'apport du tourisme à l'économie des deux îles est limité : 12 à 15% de la valeur ajoutée en Corse et 8 à 10% en Sardaigne. La difficulté d'organiser des transports adéquats est aussi commune aux deux îles.

## *Main basse sur des îles*

Le mitage des côtes, les problèmes de pollution et la spéculation foncière sévissent des deux côtés des bouches de Bonifaziu, lieu de tous les dangers, à l'environnement gravement menacé en raison d'une politique du « *tout tourisme* » , rampante et non avouée. Un projet de parc marin international essaie de répondre à ces questions déterminantes pour l'avenir des deux îles. En aura-t-il les moyens et qui définira sa politique ?

A ce sujet, le problème de la « *fréquentation touristique dans les parcs marins* » a fait l'objet d'un colloque international, à Trieste . En un mot, le tourisme, la protection de l'environnement et la permanence d'une communauté sur sa terre, sont-ils compatibles ?

Le site de Bavella, classé et donc protégé, administré par les Bâtiments de France, le Parc régional et l'Office national des eaux et forêts, où vit l'été - c'est un ancien lieu de transhumance - une communauté villageoise, voit son col ravagé par la fréquentation touristique excessive. On évalue le nombre de passages à environ un million. Celui-ci a doublé en dix ans. Le couvert végétal, au col, a disparu. Lieu très venté, des tempêtes de terre obscurcissent, maintenant, parfois l'horizon. Les habitants de Bavella, une centaine l'été, n'ont pas d'électricité. Eprouvant un sentiment de dépossession, ils se désolent de la modification des noms de leurs « *lieux dits* » devenus « *terres de ballades* » : U tavonu di u cumpuleddu s'est transformé en « trou de la bombe».

Perte du sens ou recherche de noms aisément prononçables et plus porteurs commercialement pour les visiteurs ? Il n'y a, bien évidemment, jamais eu de « *bombe* » dans cet enclos (cumpuleddu) que l'on voit à travers une trouée (tavonu) et qui est, parfois, peuplé de brebis ou de mouflons. Si le site de Bavedda est protégé, l'appellation de ses « *lieux dits* » ne l'est apparemment pas.

Il y a, en Corse, une multitude d'espaces sensibles menacés (u Cuscionu, Bunifaziu, Bavedda, a Restonica, Saleccia...) qu'apparemment l'existence de parcs régionaux marins ou terrestres, n'a pas protégés.

Aussi peut-on s'interroger sur l'efficacité et les finalités réelles de ces structures en voie de multiplication ? Le développement vertigineux des routes forestières d'entretien, par la facilité de pénétration qu'elles permettent, accroît les risques de dégradation et de pollution que provoque une fréquentation touristique grandissante et que ces routes sont censées combattre. Sans routes et donc inaccessibles aux véhicules, certains endroits, seraient mieux protégés.

## *Une proximité culturelle*

Au plan psychologique, les sentiments de solitude, de minoration, de dépendance, de pessimisme que les dictons sarde et corse « *non c'è un dito di terra sana* » et « *ùn c'è più un palmu di nettu* » illustrent, se retrouvent chez les deux peuples et constituent un imaginaire commun.

On peut citer la fameuse réflexion du sarde Antonio Gramsci, sur le même thème, « *le pessimisme de l'intelligence et l'optimisme de la volonté »* , celle de Janine Renucci sur le « *particularisme d'une terre (Corse) qui n'a jamais, ni pu, ni su maîtriser sa solitude* » ou ces vers du Nuoro, rapportés par Salvatore Satta « *So solu, mischinu , cun dolu continu* » et enfin « *basta che un forestiero venga in Sardegna, e subito fa fortuna* » et qui s'applique tout aussi bien à la Corse.

Alghero, la cité catalane du nord ouest de la Sardaigne, il y a un petit bout de temps, était interdite aux Sardes et aux Corses qui était probablement l'autre appellation des Gallurais.

Les Sardes ont le sentiment, par exemple, d'être peu nombreux (1 600 000) ce qui, vu de Corse, peut paraître étrange. C'est qu'ils se comparent aux Siciliens au nombre de cinq millions. Les Corses, dans leurs rêves démographiques les plus osés, souhaiteraient être autour de 600 000. Cette comparaison relativise l'éternel débat sur ce que doit être la population adéquate pour un territoire donné. La notion d'optimum de population est une vieille lune qui ressort quand les arguments manquent pour expliquer les déboires du moment. L'île de Malte, avec ses 450 000 habitants, s'en sort quand la Russie, avec ses cent cinquante millions, est à la peine.

Au plan culturel, les situations sont voisines même si chacun pense que cela va mieux en face. Les Sardes envient les maigres

avancées corses concernant l'enseignement facultatif de la langue et, depuis les années soixante dix, le réel renouveau culturel, particulièrement du chant, avec Canta u Populu Corsu, et que l'on appelle, en Corse, « *u riacquistu* » .
Les Corses remarquent que les traditions sardes sont plus vivantes mais observent que la langue sarde est largement absente des médias de l'île voisine à moins d'écouter la radio tard la nuit. Une loi régionale a pourtant été votée, en Sardaigne, en 1993, et contestée par le pouvoir central, comme ce fut le cas pour la Corse, en 1983, qui vit sa volonté d'enseigner la langue contrée par le gouvernement de Pierre Mauroy.
Certaines évolutions, dit-on, se font jour, en Sardaigne, ces dernières années.La toponymie sarde va être remise au goût du jour : Cagliari deviendrait « *Casteddu* », Sassari, « *Tatari* » et Nuoro, « *Nugoro* ». Pourtant selon une estimation universitaire la langue sarde est connue seulement de 70 % de la population et parlée effectivement par 13 % des résidents, principalement dans le Goceano centrale, la Alta Barbagia, et la Baronia.
On demande à ces îles « *d'être elles-mêmes »* , - cf. le discours de François Mitterrand, devant l'assemblée de Corse, en1983 - mais on leur refuse, dans le même temps, les moyens de perpétuer leur langue qui constitue le cœur de leur identité.
La lettre de refus du Premier Ministre, en 1983, à l'Assemblée de Corse - celle-ci avait voté, à une large majorité, une proposition d'initiative législative visant à l'enseignement obligatoire du corse - a fait date et signé le glas des espoirs mis dans le statut particulier de la Corse.
Celui-ci, pour certains, constituait l'amorce d'une nouvelle relation avec la France. Ce jour là, la perspective d'une Corse autonome était virtuellement assassinée. Quelques années plus tard, Pierre Mauroy, en privé, aurait reconnu avoir commis une erreur.
Bis Repetita, la Commission d'enquête sur l'utilisation des fonds publics en Corse, quinze ans après, s'oppose à l'enseignement obligatoire du corse. Quel est le lien entre les fonds publics et la langue corse ? C'est un des mystères des travaux parlementaires où, semble-t-il, tout est dans tout. Dès lors la revendication d'indépendance trouvait une base de légitimité que viendra conforter le refus du Conseil constitutionnel de valider, dans les années quatre

vingt dix, le vote de l'assemblée nationale sur la reconnaissance du peuple corse, au nom d'une constitution que l'on adapte, pourtant, chaque fois qu'un nouveau traité européen entre en vigueur. Enfin, la non ratification, à ce jour, de la résolution du Conseil de l'Europe sur l'usage des langues régionales ou minoritaires par la France et qui s'appuie sur une constitution modifiée récemment à dessein, apporte la touche finale à un tableau où l'hypocrisie et la duplicité tiennent le pinceau. « *En politique, tout le monde ment* » disait, déjà, le chancelier d'Autriche, Kreisky.
Les locuteurs du corso-gallurais avoisinent trois cent ou quatre cent mille personnes sur les deux rives des bouches de Bunifaziu.
Des initiatives communes commencent à prendre forme à la télévision - Viastella avec « *Mediterraneo* », à la radio - « *Radio Corsa Frequenza Mora* » - , avec l'émission « *Mediterradio* » et dans certains mensuels comme U Taravu.
Si les deux îles sont souvent en phase dans leur perception des choses, leur histoire a différé sensiblement.
« *La géographie dit Fernand Braudel, retrouve toujours ses droits* » . Est-ce bien sûr dans un monde où la parabole et le téléphone tendent à l'emporter sur les conversations devant la cheminée et les échanges sur la place du village ?

***Les échanges corso-sardes, des échanges modestes mais qui progressent***

Environ deux cent cinquante mille personnes transitent par les bouches de Bunifaziu. Les échanges de marchandises sont en progression notable mais leur volume global est modeste, reflétant le poids de facteurs autant politiques qu'économiques. Mais le problème majeur reste la desserte de ces iles, à la morte saison, lorsque le trafic devient peu rentable.
Il semble en passe d'être résolu, avec l'arrivée à l'Assemblée de Corse d'une nouvelle majorité issue du mouvement national, soucieuse de développer des politiques autocentrées prenant en compte l'environnement méditerranéen et européen de la Corse.
La mise en place entre les deux iles d'une continuité territoriale européenne semble constituer la solution et avoir l'aval des autorités régionales ,nationales et européennes.

Les échanges reflètent un commerce en dents de scie, principalement agricole et agro-alimentaire pour la Corse et de matériaux de construction pour la Sardaigne..
Les exportations vers la Sardaigne sont constituées de produits ligneux : bois, bois de chauffage, charbon de bois, liège. Les 10% restants relèvent de l'agriculture et de la pêche : maïs, poissons, crustacés, coquillages, eaux naturelles et minérales, miel, clémentines, noix, châtaignes, farines,granit, œufs, vins, légumes et fruits frais. Les produits de la mer constituent les sorties les plus constantes avec le maïs. Les autres produits sont exportés de façon ponctuelle.
Les importations sont constituées de matériaux de constructions (70%) : agglomérés ponceux, pièces en béton, briques, carrelages, pierres de taille, auxquels il faut ajouter, pour les 30% restant, du lait frais, des ouvrages en liège naturel, des ovins, des fruits et légumes, de l'avoine, des ouvrages en métaux, de la verrerie, de la poterie, des meubles et des articles manufacturés en papier et en carton.
L'étroitesse du marché corse ne peut constituer, pour la Sardaigne, un débouché significatif. Par contre, la Corse, pour la Sardaigne, en raison de son manque de bois constitue une source d'approvisionnement intéressante.
La valeur ajoutée des produits exportés (bois)par la Corse est très faible. Mais cela pourrait servir de marqueur pour développer des activités autour du bois, de la pierre, de l'agro-alimentaire et de l'aquaculture. Quelques tentatives se font jour.
La Sardaigne peut, par contre, constituer un marché significatif pour la Corse. Le marché sarde a les proportions de celui de la région Languedoc ou du département des Bouches du Rhône.

***Commerce corso-sarde ou franco-italien ?***

L'intensification des échanges entre la Corse et la Sardaigne manquerait son objectif si la part des produits réexpédiés de France ou d'Italie tendait à prévaloir sur la part des produits locaux. On serait, alors, dans une logique d'instrumentalisation des deux îles à des fins qui seraient étrangères à leur développement

réciproque. L'avenir économique des deux îles ne peut se résumer à un rôle de transitaire ou de « *de tête de pont de leur Etat de tutelle* » favorisant la pénétration de produits continentaux sur des marchés, en outre, très marginaux.
Dans un autre domaine, l'exemple du câble optique conforte cette conception de l'instrumentalisation : un câble en fibre optique (Emos) relie la Corse à la Sardaigne... Mais pour connecter la France (Marseille) à la Grèce, la Turquie et Israël en passant par la Sicile, sans que la Corse et la Sardaigne soient reliées entre elles ! ! !
Cela rappelle la Carbo-Sarde, cette ligne à haute tension reliant la Toscane à la Sardaigne, via la Corse, de triste mémoire, où un accord de troc entre la France et l'Italie était intervenu dans les années soixante. L'Italie avait obtenu un droit de passage, en Corse, pour desservir la Sardaigne et, en échange, avait fait cadeau à la France, d'un « *Palazzo* » à Rome.

### *Un trafic maritime de passagers en hausse*

Le trafic de passagers a plus que doublé en dix ans. Cette augmentation du flux des passagers, à Bunifaziu, indique que la Sardaigne a encore des marges d'accueil que la Corse n'a plus et que le phénomène de vases communicants se fera plutôt en faveur de la Sardaigne, la Corse et son axe Bastia-Bunifaziu devenant un lieu de transit - est-ce souhaitable ? - avec toutes les nuisances que cela comporte et le peu de retombées économiques que cela induit.

### *Le commerce corso-sarde, reflet d'économies très différentes*

La nature des produits importés de Sardaigne reflète le dynamisme de son secteur secondaire. Il montre aussi l'importance de la construction et des travaux publics en Corse.
L'aller retour du liège indique la différence entre les deux économies ; l'une fournit les matières premières, l'autre les transforme et réexporte.
Les importations de meubles, de machines, de verrerie, de papier

et de carton, de barres laminées, de fil machine et de carbochimie démontrent une assez grande diversification de l'économie sarde. Toutefois ces importations sont d'un volume très réduit.
Les importations de ciment, de tuiles, d'agglomérés, de briques, de pierre de taille, de sables, de graviers et de carrelages sont autant de marqueurs indiquant ce qui pourrait être produit en Corse, si une véritable politique de développement et de reconquête du marché intérieur était mise en œuvre par les institutions publiques régionales.
Quant aux échanges de personnes entre la Corse et la Sardaigne, ils sont principalement constitués de touristes italiens.

***L'économie est politique***

En conclusion, on peut dire que les échanges commerciaux Corse-Sardaigne constituent la portion congrue de leurs relations avec l'extérieur. Le trafic par le port de Bunifaziu et de Prupria représente 2% du trafic global de la Corse. Sur les 162 855 tonnes d'importations de ciment, 2 842 tonnes transitent par Prupria, lieu de réception du ciment sarde dont le prix est inférieur de 40% au ciment continental. Seule la progression des sorties de bois vers la Sardaigne est notable. Les importations, en tonnes, de l'étranger et principalement de l'Italie vers la Corse, représentent 2,5% des entrées en provenance de France. Les exportations de Corse vers l'étranger s'élèvent à environ 30% des sorties (exportations) vers la France. Cela reflète l'orientation de l'économie des deux îles tournées massivement vers leur métropole de tutelle.
Ces chiffres sont des estimations car il est impossible d'obtenir des services de l'Etat (Insee, Douanes etc) un tableau clair des échanges extérieurs de la Corse : est-ce le fruit de l'indifférence, de réticences politiques ou de l'incapacité d'un Etat hyper centralisé ? Pourtant, il devrait être facile, sur une île, de voir ce qui rentre et qui sort. Les derniers chiffres disponibles des douanes datent de plus de dix ans !!!!
L'économie est politique, on a trop tendance à l'oublier. Humainement et culturellement proches, la Corse et la Sardaigne se tournent le dos, alors que chacune d'entre elles constitue, à bien des égards, le miroir du passé ou du futur de l'autre. L'intensification des échanges

entre la Corse et la Sardaigne, si elle peut s'appuyer sur les résonances existant entre les deux peuples, ne peut procéder que d'une volonté politique remettant en cause les divers monopoles de droit, dans les transports ou de fait dans la grande distribution. La puissance publique joue un rôle majeur et a rendu complètement caduque la théorie des avantages comparatifs, base sur laquelle se fonde le commerce international dans une économie de marché. A ce jour les économies de la Corse et de la Sardaigne sont, à de nombreux égards, des économies captives de leurs Etats tutélaires. La faiblesse des échanges commerciaux corso-sardes, malgré l'avantage comparatif qu'il y aurait à acheter certains produits dans l'île voisine, le démontre amplement. La logique politique l'emporte sur la logique économique, même en économie de marché.

# Chapitre 2
# L'économie corse dans le miroir sarde

### *Des îles miroirs*

La Corse et la Sardaigne ont eu, jusqu'à l'aube du 20ème siècle, un cheminement assez voisin, et ce en dépit de caractéristiques géographiques, démographiques et historiques différentes. Leur superficie et population respectives font de la Corse une île de dimension moyenne peu peuplée et de la Sardaigne un mini-continent à la population importante.

**Superficie et population en 2015**

| | $km^2$ | Habitants (2008) | 2015 | densité |
|---|---|---|---|---|
| Sardaigne | 24 089 | 1 665617 | 1 663286 | 68 |
| Corse | 8 680 | 302 000 | 324 000 | 37 |

Insee ,Istat

Les densités de population sont, pour la Sardaigne, de 68, et, pour la Corse, de 37 (31 en 2008). On notera l'augmentation rapide de la population en Corse alors que celle-ci stagne en Sardaigne. L'immigration en Corse, l'émigration en Sardaigne sont les causes de ces évolutions divergentes.

## *Les deux îles en perspective*

**Superficie et population en 2015**

| | Population | | Densité | |
|---|---|---|---|---|
| | Corse | Sardaigne | Corse | Sardaigne |
| 1870 | 258 707 | 636 660 | 29 | 26 |
| 1900 | 295 589 | 791 754 | 34 | 33 |
| 1930 | 237 400 | 1 024 686 | 27 | 42 |
| 1970 | 227 425 | 1 501 749 | 26 | 62 |
| 1980 | 240 000 | 1 600 000 | 27 | 67 |
| 1996 | 260 000 | 1 651 000 | 29 | 68 |
| 2007 | 302 000 | 1 659 443 | 31 | 68 |
| 2015 | 324 000 | 1 663 286 | 37 | 68 |

## *Des réservoirs de main d'œuvre*

La Sardaigne et la Corse ont constitué, depuis les temps les plus anciens des réservoirs de main d'œuvre.

En 1870 la densité de population, en Corse, est légèrement plus élevée qu'en Sardaigne ( 29 et 26).

En 1900, la Corse et la Sardaigne ont une densité de population identique. La population sarde représente deux fois celle de la Corse.

En 2000, la population de la Sardaigne est six fois plus élevée que celle de la Corse.

L'émigration des Corses, en Gallura, au 19ème siècle, fuyant la répression, les saignées de la grande guerre où les insulaires en première ligne avec les tirailleurs sénégalais et les goumiers marocains tombent comme des mouches, les départs vers le continent et les colonies, des années vingt, affaiblirent terriblement l'île.

Environ cent à cent cinquante mille corses émigrent dans la première moitié du siècle dernier. Après la guerre de 1914, les hommes étaient si rares que les femmes s'expatriaient à Marseille.

Le professeur Sabino Acquaviva, de l'Université de Padoue, parle de génocide. Ethnocide, peut-être suffirait.
Tentative d'une politique visant à régler le problème corse par le vide en appliquant, avant la lettre, le slogan mussolinien : « *la gabbia senza l'uccelli* » ?
La Corse atteint son creux démographique, dans les années 1940-1950, avec 150 000 habitants. La Sardaigne compte, à la même époque, 1 200 000 habitants.
Au début des années soixante, l'amorce d'un « *repeuplement* » se dessine dans les deux îles qui fonctionnent comme des poumons. Des phases d'aspiration alternent avec des phases d'expiration, avec une amplitude plus marquée en Corse. En 1900, la Sardaigne avait une population double de celle de la Corse. En 2015, la population sarde est cinq fois supérieure à celle de la Corse.
La divergence dans les évolutions démographiques des deux îles est considérable. Ce repeuplement est structurellement différent. Quand la Sardaigne voit ses enfants revenir, la Corse subit les affres de la décolonisation de l'Algérie, l'arrivée de colons « *pieds noirs* » et de travailleurs maghrébins, au nombre très élevé, qui veulent recréer une Mitidja sur la côte orientale, à l'initiative du gouvernement français.

### *Des évolutions récentes très contrastées*

Les nouveaux sardes sont des actifs jeunes, ouvriers ou employés, capables de dynamisme démographique.
Les nouveaux corses sont des « *pieds noirs* » (français d'Afrique du nord), des maghrébins généralement célibataires, des Corses revenant pour leur retraite, des continentaux, attirés par le soleil, cadres ou employés dont le niveau de vie, relativement élevé, atténue le dynamisme démographique.
Le peuplement de la Corse devient hétérogène. Parler de colonisation de peuplement n'est pas excessif. Les Corses ont du mal à revenir dans leur île avant la retraite, surtout s'ils sont fonctionnaires. Les règles de la fonction publique française ne sont pas neutres ni innocentes. Dans le secteur privé, les emplois crées correspondent rarement à l'offre. On peut ainsi par un certain type de développement,

contribuer à déstabiliser la communauté insulaire et l'encourager à l'exil. C'est le cas du tourisme. Plus de la moitié des emplois crées dans ce secteur ne sont pas occupés par des insulaires.
C'est probablement la politique suivie par les différents gouvernements, depuis l'annexion de l'île, il y a deux siècles. Choiseul, l'artisan de l'acquisition de la Corse à la république de Gênes, disait : « *il faut envoyer les jeunes corses dans les écoles militaires et encourager les mariages mixtes* »
Ces évolutions subies aboutissent à des situations fort contrastées. La Sardaigne est démographiquement jeune, tandis que la Corse voit sa population vieillir. Son indice de vieillissement est deux fois plus élevé que celui de la Sardaigne.

***Des différences d'échelle très importantes***

La Sardaigne et la Corse ont une production intérieure brute par tête, représentant 75% à 80% de la moyenne nationale de leur pays d'appartenance. Mais celle de la Sardaigne est six fois plus importante que celle de la Corse.
La production par tête est légèrement inférieure en Sardaigne mais en données corrigées par le pouvoir d'achat (s.p.a), celle de la Sardaigne est presque égale à celle de la Corse. Le coefficient de périphéricité des deux îles est similaire.
La production intérieure brute de la Corse a dépassé les 80% de la moyenne communautaire, en 2006 (en raison d'un calcul statistique erroné, dit-on ?), la faisant sortir de l'objectif n°1 de la Communauté, ce qui a pour conséquence la chute des aides européennes reçues par l'île. L'élargissement de l'Union européenne à 27, à des pays plus pauvres, a comme conséquence mécanique de baisser la moyenne communautaire. La sortie de l'objectif n°1 était inéluctable à moins que les îles, considérées comme proches (Corse, Sardaigne), ne soient traitées de façon particulière, mais comme les îles lointaines (DOM) qui bénéficient de programmes spéciaux (POSEI).Le Traité d'Amsterdam qui parle du « *handicap des régions insulaires* » , ouvre, peut être, la porte à une telle approche mais les traités de Nice et de Lisbonne (2009) n'ont pas progressé dans cette voie.

### *Le caractère structurellement plus productif de l'économie sarde*

Le caractère structurellement plus productif de l'économie sarde est net. La contribution à la création de richesses de l'agriculture et de l'industrie de l'île voisine est plus importante. Le poids des administrations est lourd, dans les deux îles, et la tertiarisation de l'économie est encore plus grande, en Corse qu'en Sardaigne.
En 2014, le PIB par habitant est favorable à la Corse. Il est de 26 672 euros, en Corse, contre 19 021, en Sardaigne, mais où le cout de la vie est substantiellement moins cher.

### *Des structures sociales semblables à celles de leur métropole*

Malgré des distorsions notables, des convergences existent entre chacune des îles et leur métropole. Cela reflète le poids des politiques centrales, le caractère réglementaire des professions observées et partant, le peu d'autonomie des îles dans la conduite de leurs politiques sanitaires et sociales.

### *Des taux d'activité, des indicateurs de productivité et des taux de chômage convergents*

Les taux d'activité et de productivité sont voisins. En revanche, en 2000, l'écart entre les taux de chômage qui était de 14 % en Corse et de 21 % en Sardaigne était net ; il s'est resserré en 2008 : 8,4 % en Corse et 9,9 % en Sardaigne. Il s'est à nouveau accentué en 2015 : 11% en Corse et 18% en Sardaigne.
La crise financière de 2008-2009 a eu des effets plus négatifs en Sardaigne qu'en Corse sur le taux de chômage, en raison du poids du secteur industriel sarde en profonde déstructuration.
Le traitement social du chômage, en Corse, est important – il touche dix mille personnes - et contribue à en réduire le taux officiel qui serait, sans ces artifices, plus élevé de plusieurs points.
Il faut prendre les taux d'activité et de chômage avec beaucoup de précautions. L'appréhension statistique de ces agrégats est délicate car les critères de calcul peuvent varier selon le pays.

En outre, l'appréciation exacte du chômage dans les îles est redoutable. Il faut tenir compte de l'émigration qualifiée par les sociologues d'émigration « *à attaches* » servant de régulateur temporaire.

**Indicateurs socio-économiques 2014**

| Taux | Activité | Chômage | pers/occupée/* | PIB/hab./** |
|---|---|---|---|---|
| Corse | 48% | 11 | 92 | 85,8 |
| Sardaigne | 49% | 18 | 91 | 81,1 |

*indicateur de productivité
**standard de pouvoir d'achat (spa), PIB/habitant (Europe =100) Source : Eurostat

### *La Sardaigne est historiquement confrontée à un chômage important*

En Sardaigne, on distingue trois périodes dans l'évolution du marché du travail. La première, de 1951 à 1961, est caractérisée par un important exode agricole et une émigration sensible, la deuxième, de 1961 à 1971, voit la montée en puissance de l'emploi industriel, la troisième, de 1971 à aujourd'hui, est celle de la tertiarisation de l'économie.
L'emploi agricole a fortement diminué. L'emploi industriel croît et absorbe, en partie, les pertes du secteur primaire. Une classe ouvrière nait dont le poids économique et social va grandissant. La modification de la structure sectorielle des emplois est considérable: chute de 40 à 19% dans le primaire, hausse de 27 à 30% dans le secondaire et de 33 à 51% dans le tertiaire.
On remarquera la faiblesse relative des emplois créés dans le secondaire, conséquence de l'intensité capitalistique des investissements et du peu d'emplois durables générés dans le bâtiment qui chute lorsque les usines sont construites.

L'industrie n'a pas pu absorber les pertes d'emplois agricoles et c'est l'émigration qui a joué un rôle de régulateur.
La tertiarisation de l'économie conduit à une multiplication des empois précaires (50 000). L'emploi public est important. Un prolétariat urbain marginalisé composé d'anciens artisans, d'anciens travailleurs du bâtiment et d'anciens ouvriers, se constitue.
Le chômage des jeunes et des femmes augmente. Sur les cent mille chômeurs officiels, 60% ont moins de 25 ans. La substitution d'emplois l'a emporté sur la création d'emplois.
Dans les années 2010, la Sardaigne a perdu trente trois mille postes de travail, conséquence de la crise de l'industrie pétrochimique, amplifiée par la crise financière internationale.

## *La structure de l'emploi, en Corse, a fortement évolué*

L'emploi, en Corse, a globalement augmenté ces vingt dernières années. Sa structure par secteurs a fortement évolué. L'emploi agricole a chuté. L'emploi industriel, hors bâtiment, a cru notablement. Le tertiaire marchand a doublé. Le tertiaire non marchand a suivi la même évolution ascendante.
Il s'est féminisé. 95% des emplois féminins sont tertiaires. Ils se situent dans les domaines de l'éducation (60%), de la santé (65%) et de l'action sociale (73%).
La précarité de l'emploi a cru en raison de l'importance grandissante du tourisme : douze mille emplois saisonniers sont occupés, pour moitié, par des personnes non originaires de l'île.
Le poids du bâtiment et de politiques publiques inadaptées, particulièrement dans l'agriculture, ont fait de la Corse la région où le poids des travailleurs étrangers est le plus important.
L'emploi public est considérable et la part des insulaires occupant ces emplois, est largement inférieure à celle que l'on trouve, pour les autochtones, en Alsace et dans le Nord, par exemple. La « *corsisation* » des emplois votée, une première fois, par l'Assemblée de Corse, en 1983, n'a jamais été mise en place. Les Corses sont administrés par des Français du continent et sont donc rarement responsables des errements de l'administration. La quasi totalité des postes de responsabilité ne sont pas occupés par des Corses,

particulièrement dans la magistrature, les finances et la haute administration. Même à l'Assemblée, certains postes importants échappent aux Corses, en raison des pressions de Paris. On pratique, bien sûr, un habile saupoudrage de corses pour contrer une éventuelle critique de cette évidente discrimination. Pourtant les fonctionnaires corses ne manquent pas. Un certain nombre d'entre eux aimeraient rentrer dans leur île et l'argument selon lequel ils ne seraient pas candidats au retour est fallacieux. On en trouve même pour être directeur des services de police, ce qui nécessite un caractère trempé et démontre que certains corses n'ont pas peur d'aller au charbon ! ! !

### *La Corse fait face à un chômage en dents de scie et sous évalué*

Le chômage a cru fortement dans les années 1980-2000. Entre 1980 et 2005, il triple, et atteint un pic de 16 %, en 1990, passant de 5 500 à 13 770, pour les chômeurs recensés. Il recule autour de 11 %, dans les années 2000. En 2008, on l'évalue à 11,5% et à 12,8% en 2013 soit 18 292 chômeurs (10,4 pour les hommes et 15,6 pour les femmes). Ces chiffres reflètent-t-il la réalité ? Rien n'est moins sûr. Quelle est la part des évolutions démographiques et des modifications méthodologiques du calcul statistique du chômage intervenant, de façon fort opportune, à intervalles réguliers ? Le nombre d'emplois aidés dont le nombre est très élevé, la multiplication des stages et formations diverses, masquent certainement le chômage réel. L'inadaptation de l'offre d'emploi à la demande pose un gros problème, surtout dans le tourisme, saisonnier qui ne correspond pas à la mentalité insulaire. L'économie ne doit-elle pas tenir compte, aussi, des mentalités et des comportements culturels et s'adapter aux penchants des hommes d'un lieu donné ?

### *Les évolutions sectorielles reflètent la forte tertiarisation des deux économies*

Le pourcentage d'actifs, par secteurs, est un bon indicateur des modifications structurelles intervenant dans l'économie.

**Actifs par secteur en 1960**

| | Agriculture Pêche | Industrie, btp | Services |
|---|---|---|---|
| Corse | 32,7% | 22,5%* | 44,8% |
| Sardaigne | 37,2% | 30,8% | 31,9% |

* industrie, 9,5% et btp :13%

**Actifs par secteur en 2010**

| | Agriculture Pêche | Industrie, btp | Services |
|---|---|---|---|
| Corse | 4% | 18%* | 78% |
| Sardaigne | 14 % | 23 % | 63 % |

* industrie : 6% et btp:12 %*

## *Un tertiaire marchand refuge, en Corse*

Le poids du tertiaire est considérable. Certains parlent de « *tertiaire refuge* » . La « *différence corse* » est nette et se caractérise par une faible dynamique agricole et industrielle, une hypertrophie du BTP et une activité tertiaire pléthorique. Cela est dû à un secteur commercial surdéveloppé et peu rentable où les insulaires s'investissent parce qu'ils sont attachés à leur île. La multiplicité des structures administratives et l'influence du tourisme saisonnier le gonflent démesurément.

Celui-ci induit un dynamisme grandissant dans la branche de la construction et du bâtiment. La forte consommation de ciment atteste le développement soutenu, sur la moyenne période, de la construction et du bâtiment et explique l'hostilité des lobbies cimentiers français à la création d'une cimenterie dans l'île, contribuant, ainsi, à freiner la capacité productive insulaire que reflète un taux d'activité médiocre. Le ciment sarde est 40% moins cher que le ciment continental.

La recherche d'un approvisionnement au meilleur prix devrait conduire la Corse à se fournir en Sardaigne. C'est la philosophie même des programmes interrégionaux, et, peut être, de l'économie de marché, à moins que celle-ci ne s'arrête aux portes de l'intérêt des grands groupes français ?

***Une économie de consommation***

Une économie axée sur la consommation s'est mise en place, cautionnée par les pouvoirs publics, obligeant à des transferts massifs qui confortent l'assistance et la dépendance dans un esprit qui n'est pas celui de Maastricht.
56% du revenu des familles provient de sources publiques : du chômage et d'aides sociales diverses (22,5%), des retraites (22,5%) et des salaires (11%).
Les importations grandissantes encouragées par une continuité territoriale, pour les marchandises, à sens unique, un secteur de grande distribution disproportionné, profilé sur une consommation touristique massive mais saisonnière, nuisent à la mise en place d'une économie de production. En matière de mètres carrés de grande surface par habitant, la Corse détient le record français.

***La pression touristique, en Corse, est la plus élevée des îles de la Méditerranée, juste derrière les Baléares***

Le ratio de deux touristes pour un habitant qui est considéré comme le seuil où interviendraient des déséquilibres démographiques porteurs de ruptures, est largement dépassé.
La pression touristique qui est le rapport entre le nombre de touristes divisé par la population, est de 9 en Corse.
Elle est de 1,2 en Sardaigne, de 2,6 en Crète et de 11,2 aux Baléares. Elle est de 2,5 à la Martinique et de 5,3 aux Canaries.
Le Schéma Directeur d'Aménagement et d'Urbanisme pour la Corse, préparé par le Ministère de l'Equipement préconisait, il y a trente ans, de ne pas dépasser une pression touristique de 2. On frise les 10 ! !

### *Un tertiaire précoce en Sardaigne*

En Sardaigne, le secteur tertiaire bien qu'important, n'atteint pas la proportion corse. On parle, là bas, de « *tertiaire précoce* ». Le dynamisme de son agriculture et une industrialisation forcée modèlent différemment la structure de l'économie sarde où le taux d'activité est de 49% et le taux de chômage important.

Des évolutions sectorielles comparables qui masquent des réalités très différentes

Entre les secteurs secondaires des deux îles, les différences sont encore plus marquées. En Corse, en 2013, 11 % des actifs travaillent dans le BTP, 6 % dans l'industrie, soit18 % à comparer aux 23 % de la Sardaigne où le lobby du ciment pèse aussi de tout son poids. La Corse se caractérise par une « *non industrialisation exceptionnelle* » propice au « *tout-tourisme* ».

On constate dans les deux îles une certaine stabilité du secteur secondaire mais une chute considérable du secteur primaire.

On assiste à un transfert massif vers le tertiaire : autour de 30 points en Corse et en Sardaigne. Ces évolutions similaires doivent être interprétées avec prudence et ne sont pas très différentes, à bien des égards, de celles des économies européennes.

La politique agricole commune porte sa part de responsabilité dans la dépendance alimentaire et la désertification des zones rurales qui résultent de ce transfert vers les services. Le tissu économique, social et humain est mis en danger dans les deux îles avec une gravité supérieure en Corse.

### *Effondrement de l'agriculture traditionnelle, et tentatives de création d'un secteur moderne en Corse*

En Corse, dans les années soixante, l'agriculture traditionnelle s'effondre dans l'intérieur, tandis qu'une agriculture moderne se constitue sur la côte orientale à l'initiative de l'Etat qui installe des rapatriés d'Afrique du nord. S'appuyant sur une main d'œuvre immigrée, ceux-ci développent une monoculture du vin de mauvaise qualité soumise à tous les aléas qu'une telle spéculation implique dans un environnement européen sujet à la surproduction. L'arrachage

de la vigne encouragé par l'Union européenne ne tarde pas à se substituer aux politiques de plantation, entraînant une crise vitivinicole dont l'île a subi les contrecoups pendant de longues années.
Ces dernières années, grâce à la mise en œuvre d'une politique favorisant la qualité et qui a porté ses fruits, le secteur vitivinicole corse retrouve des perspectives d'avenir ; il exporte en Europe du nord et en Amérique. La qualité des vins corses est, aujourd'hui, reconnue.

### *Modernisation agricole et réformes structurelles en Sardaigne*

Dans la même période, la Sardaigne poursuit son effort de modernisation agricole et de réformes structurelles. En 1971, la région sarde décide de mettre en œuvre un « *plan organique d'intervention en vue du développement économique et social des zones internes de l'île à dominante agro-pastorale* » . Ce plan est connu sous l'appellation « *Monte dei Pascoli* » (loi régionale 25). Il prévoit la constitution d'un domaine régional rendant possible la création d'exploitations efficaces, sous forme coopérative, visant à la transformation et à la valorisation des productions avec une redistribution des terres. Cette loi est étendue à tout le territoire.
Dans le même temps la Commission d'enquête parlementaire sur la criminalité en Sardaigne insiste sur le fait que l'économie pastorale marque, de son empreinte, l'ensemble du tissu économique sarde.
Il en résulte, en toute logique, que la résolution des problèmes agro-pastoraux doit conduire à la solution de l'ensemble des problèmes économiques et sociaux de l'île.
La rationalité de l'analyse fut freinée par une volonté politique insuffisante et par une sous estimation de la dimension culturelle du problème agro-pastoral, miroir de la société sarde traditionnelle.

### *Des différences d'échelle considérables entre l'agriculture corse et sarde*

En écartant les surfaces exploitées de façon très extensive - jachères, maquis, parcours, forêt- la surface exploitée, de façon

intensive ou semi-intensive, est cinq fois plus importante en Sardaigne qu'en Corse.
Certes, la surface aisément mécanisable est nettement plus réduite en Corse qu'en Sardaigne.
Néanmoins, la Corse, en 1840, comptait 270 000 hectares de surfaces « *dites* » intensives au lieu des 30 000 d'aujourd'hui, en raison, notamment, de la politique d'arrachage de la vigne.
La différence des cheptels ovins et caprins, entre les deux îles, laisse rêveur : en Corse, moins de 200 000 en 2015, en Sardaigne autour de 3 000 000 en 2010. En 1900, en Corse, il était de 600 000 têtes. En Sardaigne, il était de 500 000 têtes en 1875 et de 2 millions, au début du siècle. Les Sardes ont des brebis à profusion et les Corses, souvent, des bergeries en ruine.
Pour la pêche, la différence est aussi nette que cela soit en termes de flotte, de nombre de pêcheurs ou de prises : 17 chalutiers et 500 pêcheurs en Corse contre 202 chalutiers et 3500 pêcheurs en Sardaigne, deux mille tonnes de prises en Corse, contre onze mille tonnes, dans l'île voisine.

***L'agriculture corse est en grave déclin***

En 2013, l'agriculture contribue pour 2,3 % à la valeur ajoutée globale de l'île. La production agricole a chuté de 25%, en10 ans. L'emploi a baissé d'environ 20% et représente moins de 10% des emplois totaux de l'île.
Vins, clémentines, salades, kiwis, lait, viande, tels sont les produits corses d'aujourd'hui. Certains sont nouveaux, d'autres remontent à la nuit des temps et structurent la vie insulaire. Chacun d'entre eux a une histoire où les déboires et les drames l'emportent sur les succès. On ne comprendrait rien à ces statistiques si on ne faisait pas un peu d'histoire agricole, reflet de celle des hommes de cette île.

**Production agricole corse**

| | 1988 | 1990 | 1992 | 2009 | 2015 |
|---|---|---|---|---|---|
| **Productions végétales** | | | | | |
| Vins de qualité (hl) | 77 700 | 66 750 | | 109 000 | 357 956 |
| Autres vins (hl) | 470 500 | 379 650 | 359 750 | 194 000 | 20 440 |
| Clémentines (qx) | 245 000 | 198 000 | 200 000 | 208 510 | 235 230 |
| Kiwis (qx) | 65 000 | 115 000 | 201 000 | 98 000 | 37 500 |
| Maraichage (qx) | 110 600 | 145 000 | 117 700 | | 147 180 |
| **Productions animales** | | | | | |
| Lait de chèvre (hl) | 59 500 | 55 000 | 55 000 | 40 400 | 50 100 |
| Autres vins (hl) | 92 500 | 90 000 | 95 000 | 95 400 | 87 900 |
| Autres vins (hl) | 2586 | 1595 | 2509 | 2592 | 3450 |
| Autres vins (hl) | 1239 | 1640 | 1750 | 2778 | 2200 |

Source : service régional de l'agriculture , Odarc

Il y a un siècle, les surfaces cultivées se décomposaient comme suit :

**Historique des Surfaces cultivées en Corse (en hectares)**

| | 1840 | 2003 | 2015 |
|---|---|---|---|
| Céréales | 140 000 | 1675 | 1497 |
| Oliviers | 12 000 | 1313 | 2110 |
| Châtaigniers | 35 000 | 6530 | 1170 |
| Vignes | 18 000 | 7410 | 6580 |
| Prairie | 60 000 | 6880 | 7500 |

**Historique de la Production de blé en Corse**
(en quintaux)

| | |
|---|---|
| 1868* | 670 000 |
| 1905* | 112 000 |
| 2015** | 110 000 |

* Source: Commission Delaney 1909 - **odarc

## *Un recul agricole vertigineux, en Corse, reflet d'une perte d'identité*

Au vu de ces chiffres, on mesure l'importance du recul agricole en Corse. La surface cultivée en céréales est passée de 140 000 hectares en 1840 à 1497 hectares en 2015. Le désastre est consommé dans les années vingt. Un recul d'une telle dimension est probablement unique. Comme on parle de friches industrielles, on peut parler de friches agricoles.

Le blé continental et nord-américain cultivé dans des conditions de productivité incomparables a, peu à peu, envahi le marché corse atteignant aussi par effet indirect les élevages laitiers, ovins et caprins associés à la céréaliculture.

Cette pénétration du marché corse a été encouragée par l'Etat, grâce aux fameuses lois douanières favorisant, cent ans durant, les importations continentales et taxant les exportations corses. Ce système a duré jusqu'à la première guerre mondiale.

## *Continuité territoriale ou continuité coloniale ?*

C'était, en fait, une continuité territoriale avant la lettre. Renversant la problématique, on peut dire, à la manière de Clausewitz, que la continuité territoriale, pour les marchandises, est la prolongation de l'esprit des lois douanières par d'autres moyens. Le maquis a remplacé les cultures et une part importante de celui-ci est post-culturale.

Plus tardivement mais de façon encore plus nette, la culture de l'olive a subi la même évolution. Faisant la fortune des huiliers-

savonniers marseillais, l'huile d'arachide, en provenance du Sénégal, se substitue à l'huile d'olive.
La cause du recul de l'exploitation de la châtaigneraie couvrant trente cinq mille hectares, se trouve aussi dans les importations de céréales qui fournissent un produit de substitution plus noble et à un moindre coût.

## En Corse, une politique étatique à contre culture

Le deuxième choc qu'a subi l'agriculture corse commence avec l'élaboration d'un Plan de mise en valeur qui entre en application dans les années soixante. Sur le plan agricole, une Société d'Economie Mixte, la SOMIVAC, recevait d'importants moyens financiers publics pour réaliser une série de grands travaux d'aménagement et mettre en valeur les terres de la plaine orientale rendues salubres par les Américains à la fin de la dernière guerre.
Un nouveau vignoble de plus de vingt cinq mille hectares était implanté essentiellement par des « *pieds noirs* » , européens venus d'Afrique du Nord à la recherche de terres, avec l'aide financière massive de l'Etat. La production de vin avoisine les deux millions d'hectolitres en 1975.Leur mauvaise qualité ruine pour un temps l'image des vins corses.
Dans le même temps, l'élevage ovin dans la région d'Aléria, lieu principal d'implantation de la vigne, était décapité : 250 élevages sur 300 disparaissent.
Les événements d'Aléria d'août 1975, qui vont sonner le réveil de la conscience nationale des Corses, se profilent et marquent la fin d'une époque et le début de la revendication nationale.

## *Des politiques communautaires inadaptées à la Corse*

Le troisième choc subi par l'agriculture corse est venu des politiques communautaires qui font face à une surproduction massive de vin. De 1976 à 1980, plus de huit mille hectares sont arrachés. A partir de 1982, des dispositions plus énergiques frappant les vins de coupage déclenchent une déroute totale

touchant l'ensemble du vignoble et désorganisent la fragile économie agricole insulaire.
La France avait fait classer la Corse, dans le groupe 5, auprès de la CEE, obtenant, en échange, la protection de ses propres vignobles. De trente deux mille hectares, le vignoble est redescendu à environ dix mille hectares. Deux mille hectares de terres en friche sont reconverties en plantations de kiwis dans les années quatre vingt. Une évolution de même nature que celle de la vigne est en train de se dessiner. Des importations massives extracommunautaires font baisser le prix de vente du kiwi, le rendant de ce fait non rentable, dans un avenir proche. Sa production, en 2007, n'est plus que de 2955 tonnes à comparer aux 15 000 tonnes produites dans les années 90 Une nouvelle crise se profile, conséquence de politiques privilégiant les productions d'exportation soumises aux aléas de la conjoncture internationale, de plus en plus mouvante et incertaine. L'ensemble de ces politiques volontaristes a profondément désorganisé l'agriculture insulaire.
Le tourisme n'a pas entraîné d'augmentation notable de la production agricole en raison de la soudaineté de l'expansion touristique, de la difficulté pour les professionnels corses à répondre à une demande massive et diversifiée, concentrée dans le temps, des complexes touristiques s'approvisionnant directement sur le continent ainsi qu'à des politiques agricoles « *export oriented* » négligeant le marché local. La conséquence en a été un accroissement considérable des importations de lait, de viande, de légumes et de fruits frais qui auraient pu être produit sur place.
Les exportations se concentrent, elles, sur trois produits : les vins, les agrumes et les kiwis. Les deux derniers subissent une concurrence, interne à la CEE pour les agrumes, et externe pour les kiwis.
La montée en puissance des agrumes a été stoppée net par l'élargissement de la CEE à l'Espagne et la politique méditerranéenne d'ouverture aux productions du Maghreb.
Le solde global du commerce extérieur agricole corse fortement négatif, reflète la faillite d'une politique fondée uniquement sur les exportations et indique les voies d'un renouveau qui est celui de la relance d'une économie de production fondée aussi sur l'import-substitution et appuyée sur des dérogations à négocier avec l'Union européenne.

Le déclin de l'agriculture se poursuit, provoqué par des politiques agricoles inadéquates décidées ailleurs et très peu soucieuses des réalités locales et aussi par des évolutions plus générales touchant l'ensemble des pays industrialisés. Ce déclin compte pour beaucoup, dans la crise d'ensemble du système socio-économique insulaire et dans la perte d'identité de l'île.
Il explique les convulsions actuelles. Certains disent qu'ils ne comprennent pas ce qui se passe en Corse et réagissent outrancièrement. Veulent-ils vraiment comprendre ? « *Comprendre ou réagir* » disait déjà, Paul Valéry.

### *L'agriculture sarde est en déclin relatif mais est toujours dynamique*

L'agriculture représente 8% du produit intérieur et 15% des emplois. C'est avant tout une région d'élevage avec plus de 3 000 000 d'ovins et caprins (2010) produisant trois cent mille tonnes de lait - la moitié de la production italienne - trois millions de tonnes de laine et douze millions de tonnes de viande ovine. C'est, malgré ces chiffres impressionnants vus de Corse, une activité en déclin relatif
La Sardaigne n'a pas subi de profondes modifications de son agriculture jusqu'au lendemain de la seconde guerre mondiale. La « *Cassa del Mezzogiorno* » promeut de grands travaux d'irrigation (20 000 hectares) En 1962, dans le cadre du « *plan de renaissance* », 140 000 hectares sont mis en chantier.
Le plan prévoit une série d'interventions sur les zones de culture sèche. Il s'en suit un certain « *glissement altimétrique* » de l'élevage à la recherche de bases fourragères irriguées. Cette politique contribue à consolider l'élevage bovin et surtout ovin qui représente près du tiers du troupeau italien de l'espèce. L'irrigation, en outre, permet une certaine diversification.
La production céréalière, bien qu'en déclin, a mieux résisté que son homologue corse, grâce à l'appui du gouvernement italien soutenant les intérêts sardes, dans ses négociations à Bruxelles. Cultivé sur des terrains non irrigués parfois peu fertiles, le blé est la céréale centrale de la Sardaigne.

La concurrence des éleveurs qui briguent les terres, la stabilité du prix du blé, la dispersion de la propriété foncière interdisant la modernisation des exploitations et des techniques culturales, conduisent, tout de même, à la régression de cette culture.
L'expansion des céréales entrant dans l'alimentation du bétail - avoine, orge et maïs hybride - confirme la progression de l'élevage moderne et des cultures irriguées, en particulier du maïs, dont l'île est nettement déficitaire. Elle en importe de Corse.
Le recul céréalier est beaucoup plus tardif et moins accentué, en Sardaigne qu'en Corse. Des cultures de substitution interviennent plus rapidement. La vigne répandue dans toute l'île couvre en 2006, 33000 hectares pour le vin et 1 430 hectares pour le raisin de table. Les techniques agronomiques ont beaucoup progressé mais la faible dimension des exploitations constitue une limite importante à la baisse des coûts de production.
L'oliveraie, avec 36 000 hectares cultivés et 500 000 quintaux produits est une spéculation aussi importante que la vigne. La revalorisation de ce secteur est en cours par la mise en place de coopératives, l'amélioration des techniques culturales, la mécanisation, l'irrigation, la sélection, la conservation et la commercialisation des récoltes. 40 % de la production provient de la province de Sassari.
La viticulture est répandue dans toute l'île. Elle est une culture qui remonte à la nuit des temps,à l'époque nuragique.Elle couvre ,aujourd'hui, 26 000 ha en vigne à vin et 1 429 hectares en raisin de table, à comparer au 80 000 hectares de la fin du 19eme siècle avant l'épidémie de phylloxéra.
Les cultures fruitières occupent environ huit mille hectares, dont 70% dans la province de Cagliari. Ce sont principalement des pêches avec une production d'environ 200 000 quintaux.
Les agrumes occupent sept mille hectares et fournissent sept cent cinquante mille quintaux.
Les résultats globaux de l'activité fruitière restent cependant modestes. L'esprit coopératif ne souffle pas, comme pour la vigne ou le secteur laitier-fromager. L'horticulture ne concerne que le marché local, à l'exception des artichauts, mais représente une part très importante des surfaces cultivées.
L'orographie et la nature géo-pédologique des terrains sont les

facteurs structuraux limitant l'expansion territoriale d'une agriculture intensive et mécanisée dans l'île. La fertilité des terrains est modeste et les plaines ne constituent que 18% de la superficie totale.
Le fait le plus marquant reste sans conteste le rôle des instituts de recherche agronomique. Celui de Sassari a une grande notoriété au niveau européen. Ces instituts ont contribué au saut qualitatif qu'a enregistré l'agriculture sarde, ces trente dernières années. Les progrès dans la production sont contrebalancés par les insuffisances de la conservation, de la transformation et de la commercialisation.

### *Un élevage impressionnant en Sardaigne*

Dans les années quatre vingt, l'élevage ovin contribue, pour environ 30%, à la formation du produit intérieur agricole. 45% du lait de brebis produit en Italie l'est en Sardaigne. Vingt huit mille personnes y travaillent sur un total de quatre vingt cinq mille occupées dans l'agriculture. Cela représente 5% des 480 000 emplois de l'économie sarde et 2,5% du produit intérieur brut régional.
On compte, en 2006, 61 000 bovins, 647 000 porcs, 1 688 000 ovins et caprins. Il faut y ajouter deux millions de poules et cent vingt mille lapins

**Historique du cheptel ovin et caprin**

| Date | Nombre d'ovins |
|---|---|
| 1875 | 60 000 |
| 1908 | 1 900 000 |
| 1941 | 2 000 000 |
| 1950 | 2 600 000 |

| | |
|---|---|
| 1960 | 2 300 000 |
| 1970 | 2 600 000 |
| 1980 | 3 000 000 |
| 1990 | 3 060 000 |
| 2000 | 2 171 000 |
| 2010 | 3 000 000 |

Cette augmentation, de 1970 à 1990, s'est produite en dépit de l'émigration de bergers sardes avec leurs troupeaux, en Italie centrale (300 000 ovins). Avec vingt cinq mille bergers, une densité de 105 brebis par km2, la meilleure race laitière en Méditerranée, des pâturages qui occupent presque la moitié de la superficie de l'île, cette « *industrie du lait et du fromage* » crée une valeur ajoutée tournant autour de 20 à 25% du PIB. Pour l'élevage ovin, la Sardaigne a une position prééminente en Europe méditerranéenne. Cependant le rendement moyen, par hectare, est seulement du tiers de la moyenne nationale italienne.

### *Des industries fromagères et laitières performantes en Sardaigne*

L'apport de l'élevage représente 50% de la production agricole. Le lait et la viande ovines y contribuent pour 24%, le lait et la viande bovines pour 17%.
Il faut distinguer entre le revenu très bas des bergers, en raison de baux exorbitants qui atteignent la moitié de leurs revenus, et celui des industries fromagères et laitières qui déterminent les conditions de la production.
Prégnances traditionnelles et innovations techniques importantes caractérisent cette agriculture dont on ne peut plus dire qu'elle est archaïque ou en retard de développement, mais seulement en pleine transformation et en mutation rapide.
La mécanisation et l'industrialisation de l'agriculture et de l'élevage, en Sardaigne, a été d'une ampleur exceptionnelle. C'est un fait probablement unique en Méditerranée et cela pose des problèmes

d'une rare complexité, que la société sarde n'avait jamais connue. Cette mutation a provoqué une crise profonde. La Sardaigne ne se reconnaît plus dans ces évolutions trop rapides et s'interroge, comme la Corse, sur le devenir de son identité.
Des politiques malgré tout plus adaptées aux réalités locales ont probablement contribué à rendre l'agriculture sarde plus performante que son homologue corse en créant une dynamique productive.

**Une crise de l'élevage ?**

De 2000 à 2006, les cheptels ovin et caprin ont chuté de 500 000 têtes : quelle est la part de la fièvre catarrhale (lingua blu) dans ce décrochage violent ? Est- on face à une crise conjoncturelle ou structurelle ?
A cela s'est ajoutée la crise financière américaine (2008) qui a accentué la crise : les ventes de pecorino romano, spécialité sarde, ont fortement décliné aux Etats Unis.
En 2015,il semble que la crise ait été surmontée puisque le nombre d'ovins a retrouvé son niveau des années 1990, soit autour de 3 000 000 de têtes de bétail.
Miroir d'un système de valeurs, le peuple sarde voit, dans cette société agro-pastorale, la matrice d'une forme de civilisation propre à l'île. On peut parler, pour la Sardaigne, d'une économie identitaire, tout au moins pour l'élevage.

***Une industrie artisanale en Corse***

Dans les années 2000, la part de l'industrie (valeur ajoutée) est de 10% à 12 %. Cela comprend les industries agro-alimentaires, l'énergie, les biens de consommation, la construction et les biens d'équipement. Si on exclut la construction, la part de l'industrie, est probablement plus proche de 5-6 % que de 10 %.
L'emploi industriel, en progrès lent, représente 8,2% de l'emploi régional en 2010, contre 6,4% en 1985.
Près de cent entreprises sont crées chaque année depuis dix ans. L'emploi salarié a augmenté de 12,5% reflétant un certain

dynamisme. La structure de ce secteur reste fortement artisanale. 92% des entreprises ont moins de dix salariés et un industriel sur quatre est un artisan boulanger. Les deux activités les plus importantes, représentant la moitié de l'emploi industriel, sont l'énergie et l'agro-alimentaire. Peut-on parler, dans ces conditions, d'industrie, dans la situation corse ou est-ce un abus de langage ? Près de quatre mille emplois industriels sont concentrés à Bastia et Ajaccio. Les deux mille autres emplois sont répartis sur l'ensemble du territoire, dont environ cinq cent dans l'extrême sud à Porti-vechju, Sartè et Prupià. De 5814 emplois industriels en 1985, on atteint 6396 emplois en 2008.
L'emploi industriel, en 2015, diminue de 0,6% .Cette baisse fait suite à plusieurs années de hausse dans ce secteur.
Huit unités sur dix n'ont pas plus de deux salariés et seulement 5% des entreprises ont plus de dix salariés. On ne trouve qu'une entreprise industrielle dans la tranche cent à deux cent salariés. L'industrie corse n'a pas réussi à structurer un réseau de PMI-PME en raison de l'étroitesse du marché local, d'un substrat social et culturel à forte dominante agro-pastorale ne favorisant pas l'émergence d'une culture industrielle.
Il y a des exceptions, cependant, comme Corse Composites Aéronautiques, un fleuron de la nouvelle industrie corse qui exporte en Europe et ailleurs.
La structure interne de l'emploi salarié est le reflet de la faiblesse des entreprises corses sur les terrains de la productivité et de la compétitivité. Cela se répercute sur les salaires qui sont les plus faibles de France.
Historiquement, la Corse a raté sa révolution industrielle. Aujourd'hui les bons esprits diront certainement que cela ne pouvait en être autrement, mais si on se place dans le contexte historique du 19ème siècle, la situation était toute différente. La mondialisation de l'économie était infiniment moins avancée, les marchés étaient morcelés et protégés, l'insularité et la faiblesse des transports donnaient aux essais d'industrialisation quelques chances de succès si une politique cohérente des pouvoirs publics avait été mise en œuvre. Quelques tentatives eurent lieu. La plus célèbre fut l'éphémère industrie sidérurgique. Vers 1830, la Corse possédait de petites forges qui utilisaient le minerai de fer de l'île d'Elbe. Plusieurs

hauts fourneaux firent leur apparition, au milieu du 19ème siècle, à Sulinzara, à Toga et à Porti-Vechju.
L'exploitation minière connut une faillite identique. Vingt et un gisements furent exploités : fer et antimoine au Cap corse, plomb argentifère à l'Argentella (1874), cuivre de Ponte-Leccia (1881) et de Tox, anthracite d'Osani (1889), amiante de Canari (fermeture en 1965).
Les usines d'extraits tannants, qui exportaient en Chine et en Amérique du sud, au début du siècle, connurent le même sort. Ces dernières fermèrent à Barchetta, en 1954, et à Ponte-Leccia, en 1963. Cinquante ans plus tard, en 1998, un projet d'implantation industrielle de retraitement du verre prend forme à Barchetta.
La concurrence internationale ajoutée au désintérêt des pouvoirs publics ont conduit à ce ratage industriel, à une époque où les barrières douanières existaient et pouvaient donc maintenir des industries locales, comme la théorie des industries naissantes le préconisait.
La transformation du tabac est une des rares activités qui ait survécu. L'industrie du bois fait figure, elle, de poids lourd. Elle anime de nombreuses scieries. Si, en Corse, deux usines de liège fabriquaient, il y a cinquante ans, des bouchons et ont disparu, à Calengianus, en Sardaigne, l'industrie du liège fait la fortune de cette cité. Une troisième utilisait le pin làriciu pour façonner des séparateurs d'accumulateurs.
L'exploitation et l'exportation du bois sont toujours d'actualité. La déforestation, en Sardaigne, est ancienne et avancée, en raison de pratiques sauvages, remontant au 19ème siècle, des « *carbonari* » toscans et d'une consommation élevée de bois induite par une population et une activité économique importante. La Sardaigne est fortement déficitaire en bois. Elle en importe de Corse, environ neuf mille tonnes.
Avec deux cent vingt mille hectares de forêt, la Corse a préservé son capital forestier. La relance, dans les années quatre vingt, de la consommation de bois de chauffage a favorisé un regain de l'industrie de la coupe du bois. Outre la redynamisation du marché local, on assiste à l'arrivée de gros exploitants en provenance d'Italie et de Sardaigne, conséquence du tarissement du marché yougoslave du à l'éclatement de la Fédération yougoslave et

fournisseur traditionnel de la péninsule. La Corse est devenue une nouvelle source d'approvisionnement surtout pour la Sardaigne.
L'accroissement de la demande locale mais surtout de la demande extérieure entraînent un certain nombre d'abus et d'excès. La recherche de profits immédiats, tant de la part du propriétaire que de l'exploitant, donne lieu à des dégradations qui peuvent s'avérer irrémédiables. L'indivision freine le phénomène mais dans l'anarchie la plus totale. Le code forestier, vieux de deux siècles, inadapté au contexte corse, rend possible un tel état de fait.
La maîtrise de cette filière suppose de nouvelles réglementations adaptées, une nouvelle organisation de la profession, une revalorisation des métiers du bois, sauvegardant le capital forestier et permettant une exploitation rationnelle. Celle-ci peut être créatrice de richesses pour l'île à condition de prévoir des possibilités de transformation d'une matière première peu porteuse de valeur ajoutée.
Sans la mise en place de politiques soucieuses de rationalisation et de protection de la ressource, la Corse rejoindra la longue liste des pays pillés. Elle le fut, par exemple, au 19 ème siècle, par une société anglaise qui dévasta une forêt de chênes dans le massif de Bavella. La Sardaigne subit, elle, les ravages d'une société française qui fabriquait des traverses de bois pour les voies ferrées. Certains équilibres fondamentaux ont été rompus, particulièrement celui de l'eau, qui est aujourd'hui dessalée à Porto-Torres.
Quant au liège, la Sardaigne a développé une industrie, aujourd'hui disparue en Corse. Celle-ci exporte sa matière brute sur l'île voisine. Le liège travaillé revient de Calengianus sous forme d'artisanat à forte valeur ajoutée (50 tonnes) et fait la richesse de cette région de la Gallura dont la production atteint douze mille tonnes et qui compte certains des plus gros industriels mondiaux de liège. Ces dernières années, la Corse exporte environ deux mille tonnes de liège brut vers la Sardaigne.
En Corse, l'artisanat rural, si vivace au 19ème siècle, le travail du bois, la fabrication de la toile et du drap ont périclité avant 1914, comme les petites usines qui produisaient des pâtes alimentaires, des savons ou qui tannaient les peaux. Il subsiste aujourd'hui des distilleries, des fabricants de boissons ou d'apéritifs. L'eau, en bouteille ou en vrac, commence à être exploitée et peut constituer

un produit exportable vers la Sardaigne et même vers l'Algérie comme cela s'est fait récemment.

### *Des tentatives industrielles très fragiles en Corse*

Des efforts ont été faits ces dernières années pour tenter de développer les filières de l'agro-alimentaire, de l'aquaculture, de la pierre, des eaux minérales et de source.
Le secteur agro-alimentaire est relativement structuré et se développe de façon satisfaisante. Il emploie 1768 salariés.
L'aquaculture a connu un essor important. Avec une dizaine de fermes, la Corse est devenue la première région piscicole de France avec une production de mille tonnes de loups et daurades mais la concurrence commence à se faire sentir depuis peu.
L'organisation de la filière pierre connaît, par contre, des difficultés. Malgré la présence de gisements importants et de bonne qualité en pierres ornementales, l'insuffisance des investissements productifs couplée à un savoir faire médiocre et à un potentiel de commercialisation insuffisant, rendent difficiles son démarrage.
L'exploitation des ressources en eau en est encore au stade artisanal malgré un potentiel très important et mériterait d'être développée, surtout lorsqu'on connaît les problèmes de la Sardaigne, dans ce domaine. Une étude de la Société de mise en valeur de la Corse avait d'ailleurs, il y a une vingtaine d'années, exploré la possibilité d'alimenter la Sardaigne en eau.
Le potentiel corse le permettrait, à condition de développer les retenues et bien sûr de satisfaire, d'abord, les besoins des agriculteurs insulaires qui subissent déjà la pression de la consommation touristique fort vorace en eau à laquelle il faut ajouter le remplissage des piscines et l'arrosage des golfs et des gazons.
L'industrie du bois est quasi inexistante malgré un domaine forestier important, la présence de variétés de bois nobles et une subéraie appréciable (25 000 ha) mais en mauvais état.
La filière viande commence à se structurer et pourrait alimenter un marché italien très friand de « *veau rosé* » qui lui vient traditionnellement de l'ex Yougoslavie à condition que des

abattoirs modernes, aux normes UE, soient construits dans l'île ce qui, depuis peu de temps, commence à se concrétiser. Car aujourd'hui la viande corse ne répond pas aux normes d'abattage communautaire ni au goût français.
Il est loin le temps, où, au 16 ème siècle, nous rappelle Fernand Braudel, la Corse exportait de la viande salée ou « *misgiscia* ».
L'inventaire industriel corse est, on le voit, réduit à sa plus simple expression. Le mot de « *désert industriel* » n'est pas exagéré.
Le système tarifaire des transports peu favorable à l'exportation, l'éloignement du marché français couplé à l'insuffisante compétitivité des produits insulaires et à la faible productivité des entreprises corses, ont conduit à la situation présente.
Un mur psychologique, renforcé par des politiques nationales, a été volontairement érigé avec l'Italie, zone naturelle, par sa proximité, pour l'exportation des produits corses. L'éducation nationale, pendant longtemps, a favorisé l'apprentissage de l'espagnol au détriment de l'italien. Ceci a déstabilisé durablement la Corse et l'a coupé de son berceau naturel en Méditerranée.
Aujourd'hui, bien tardivement et sous la pression de l'Europe et de ses programmes Interreg, l'Etat tente d'encourager une politique d'ouverture vers l'Italie.

### *Une politique étatique velléitaire en Corse*

Dans les années quatre vingt, seules deux expériences novatrices ont été menées, ce, dans les domaines des composants électriques et du matériel aéronautique alors qu'un Comité Interministériel chargé du développement industriel de la Corse avait été mis en place en 1982.
Il ne s'est jamais réuni si ce n'est le jour de son intronisation, à l'hôtel Matignon, en présence du Premier ministre, Pierre Mauroy, le 9 août 1983. Une mission Essig, a étudié les possibilités de relance de ce processus avorté. Plus personne n'en entend parler. Est-ce un enterrement de plus ?
En France, quand on veut enterrer un problème, on crée une commission ou une mission.

### *Une industrie du bâtiment relativement prospère en Corse*

En fait, la seule fraction dynamique du secteur secondaire reste la construction, les travaux publics et les activités qui lui sont liées: fabriques d'agglomérés, carrelages, béton, briqueteries, tuileries, menuiseries.
Malgré un léger déclin de la construction liée au tourisme, qui se développe toujours, le bâtiment et les travaux publics, avec 2 800 établissements, occupent 12% de l'emploi régional. La prépondérance des petites entreprises est écrasante :

**Taille des entreprises et nombre d'employés en Corse**

| Nombre d'employés | Nombre d'entreprises |
|---|---|
| moins de 10 | 2600 |
| 10-50 | 140 |
| 50-100 | 7 |
| 100-200 | 2 |
| plus de 200 | 1 |

La crise internationale (2009) a fait sentir ses effets sur l'activité du bâtiment. Les commandes publiques ont seules permis de maintenir l'activité à un niveau minimum. Les entreprises de travaux publics ont évité ainsi la récession. Depuis peu, on assiste à une reprise de la construction dans les zones touristiques ou le nombre de résidences secondaires prend une place démesurée et rend inaccessible l'acces au logement des jeunes corses.l'Assemblée de corse a voté un statut de résident pour résoudre ce problème mais Paris, comme souvent, fait la sourde oreille.En conclusion, il manque un étage à la structure économique corse, l'étage industriel. La Sardaigne le possède. Les comparaisons entre les deux îles, dans ce domaine, n'ont, pour cette raison, pas beaucoup de sens, sauf à observer les grandes différences des politiques nationales menées par l'Italie et la France et évaluer les résultats qu'elles ont produit.

### *La mise en place d'une industrie lourde en Sardaigne, source de bouleversement*

L'industrie sarde contribue, pour 33%, au produit intérieur de la région et représente 28% des emplois de l'île. Le secteur le plus important est celui de la transformation, avec 64 500 salariés et 10 200 établissements.
La pétrochimie, avec la raffinerie de Sarroch, est la plus grande et la plus moderne d'Italie. On y traite douze millions de tonnes de pétrole brut.
La fabrication de fibres synthétiques, à Villacidro, atteint, pour les fibres acryliques, vingt quatre mille tonnes par an et pour le Nylon, neuf mille tonnes, soit 50% de la capacité nationale italienne. La production d'aluminium à PortoVesme constitue la totalité de la production de l'aluminium italien d'où son importance stratégique.
L'usine à papier d'Arbatax est une des plus modernes d'Europe, et a une capacité de deux cent mille tonnes par an.
Riche en ressources minières, l'île exploite des gisements de plomb, de zinc, de fer, de nickel, d'argent, de cuivre, d'alumine, d'or et de charbon à des conditions qui ne sont pas forcément celles du marché international. La super centrale de Sulcis doit utiliser ce charbon dans un avenir proche.
Investissements colossaux et aides publiques massives caractérisent la vie de cette industrie, inventée de toutes pièces par l'administration et les grands groupes publics italiens. L'industrie sarde traverse des crises multiples et sévères mais elle existe. Dans un domaine plus traditionnel où une comparaison avec la Corse peut être effectuée, l'île produit cinq cent mille tonnes de granit représentant les deux tiers de la production italienne, mais moins de 10% est traité sur place.

### *Une volonté politique forte*

Impulsé par la « *Cassa per il Mezzogiorno* » en 1950, relayé par « Il Piano di rinascita" en 1962, le processus d'industrialisation provoque une profonde transformation de la structure de l'économie.

C'est le passage d'une industrie à caractère artisanal, à l'exception du secteur minier, à une industrie à forte intensité capitalistique et orientée vers l'exportation.
Le littoral a été, à l'exception d'Ottana, le grand bénéficiaire des mesures d'incitation à l'industrialisation prises à partir des années soixante. Les régions de Sassari, Porto-Torres et de Cagliari se sont développées considérablement tandis que l'intérieur avait tendance à se désertifier.
La première aire s'est constituée autour du complexe pétrochimique de Porto-Torres et s'est élargie jusqu'à Sassari, la deuxième a pris appui sur Cagliari et comprend une raffinerie, un complexe chimique lourd et des industries mécaniques légères.
Cette politique d'industrialisation volontariste a été menée sous l'impulsion de la puissance publique. Elle s'est caractérisée par des investissements très capitalistiques, une forte concentration dans le secteur pétrochimique et chimique, un ciblage territorial par pôle, et des aides financières publiques massives et à taux d'intérêt réduits, à un moment où le Marché Commun naissant n'était pas aussi exigeant qu'aujourd'hui, alors que les mêmes règles, visant à ne pas fausser la concurrence, prévalaient déjà.
La grande industrie, en Sardaigne est née de la volonté de l'homme et non des marchés. Cela posera, un jour, le problème de son adaptation au contexte économique international.

## *Un bouleversement économique et culturel en Sardaigne*

Les effets de cette industrialisation ont une série de conséquences, les unes positives, les autres négatives. Des modifications structurelles interviennent. La taille des entreprises croît, les moyennes remplaçant les petites. La classe ouvrière s'élargit modifiant notablement les structures sociales. L'emploi et les revenus augmentent. En contrepoint, de nombreux déséquilibres prennent place. Le secteur industriel devient dual. Une excessive concentration géographique se met en place, accentuant la désertification de l'intérieur.
L'industrialisation a détruit l'équilibre ancien et n'a pas induit de réelle dynamique de développement à caractère endogène. Certains parlent « *d'industrialisation sans développement* » en raison de

son caractère exogène tant dans sa conception que dans sa mise en œuvre. L'emploi industriel ,dans la première phase, a doublé, mais 80% de cette augmentation est du au « *boum* » de la construction. A très forte intensité capitalistique, cette industrialisation a crée relativement peu d'emplois. Le développement de l'industrie n'est pas arrivé à compenser les pertes d'emploi résultant de la modernisation de l'agriculture. L'accroissement du chômage s'est nourrit de ce déséquilibre. Malgré des tentatives de rééquilibrage sectoriel et géographique, la grande industrie traverse une crise sévère. Cependant, des petites et moyennes entreprises locales sont dynamiques dans les secteurs du liège, du granit, des matériaux de construction, du fromage.

Sur le plan socioculturel, les effets de l'industrialisation ont été notables mais, peut-être, moins décisifs que ceux provoqués par l'irruption de la modernité, que les moyens de communication de masse ont introduit dans chaque foyer. L'éradication du banditisme que devait provoquer un tel processus ne s'est pas produite. On est passé du bandit au délinquant. La Corse non industrialisée, mais soumise à la même modernité, a subi une évolution comparable.

L'industrialisation a accentué la concentration urbaine et généré un nouveau clientélisme politique : « *le secrétaire local du parti au pouvoir a remplacé le propriétaire terrien* » dans cette fameuse dépendance interne, de père à fils, et externe, de propriétaire à berger, illustrée dans « *Padre padrone* » des frères Taviani.

Le processus d'industrialisation, dans ses deux phases, sauvage dans les années soixante, programmée dans les années soixante dix, a accéléré le phénomène de polarisation de la population autour de Sassari et de Cagliari. Il a coupé l'île en deux parties, l'une urbaine, intégrée et l'autre, agricole, rurale et en retard de développement.

Il a aussi renouvelé le lien clientèlaire, transposant à la ville et dans les usines, ce qui existait à la campagne, une relation de dépendance « *a l'usu paisanu* » perpétuant les comportements politiques anciens.

L'industrialisation a favorisé le processus d'insertion de l'île dans l'économie nationale, européenne et même mondiale. La résultante

en est une société duale en perte d'homogénéité et oscillant entre les valeurs d'hier et celles incertaines d'aujourd'hui. Comment comparer le désert industriel corse à une industrie sarde ou implantée Sardaigne, même si certains pensent, dans l'île voisine, que ces industries sont des « *cathédrales dans le désert* » .
La consommation d'électricité résume les différences entre les deux économies. La pointe de consommation se situe le soir, en Corse, le matin, en Sardaigne.
Un câble, reliant la Corse à la Sardaigne (SARCO) a été mis en place en 2006 et s'ajoute à celui reliant la Sardaigne à la Corse et l'Italie (SACOI) , le premier pour 100 MW, le second pour 50 MW. A eux deux, ils participent, à hauteur de 20 %, à l'alimentation en électricité de la Corse.
Présentant des avantages pour la protection de l'environnement, et l'abaissement des coûts, il pose, de façon aiguë, le problème de l'indépendance énergétique des îles et celui de l'emploi dans les centrales existantes. Que se passerait-t-il en cas de rupture du câble ?
Ce câble ne peut donc être la solution unique ou même principale à l'approvisionnement des deux îles. Les besoins énergétiques des deux îles ne sont, en outre, pas identiques.

***Le tourisme, un poids relatif et des structures différentes dans les deux îles***

Le tourisme sarde est plus concentré spatialement et temporellement que le corse. Toutefois l'arrivée des low cost est en train de changer le paysage touristique sarde.
Si l'évolution des campings reste très proche dans les deux îles, dans l'hôtellerie, l'écart est considérable, tant en structure qu'en taille.
En fait, le tourisme, controversé ou accepté, axe de développement pour les uns, vecteur de déstructuration économique, sociale et culturelle dans des pays à l'équilibre fragile, pour les autres, n'a pas le même poids relatif dans les deux îles même si le nombre de touristes reçu est comparable.
Le rapport touristes/habitants est de 1,5 en Sardaigne et de 9 en

Corse. La pression touristique est six fois plus forte en Corse qu'en Sardaigne ce qui signifie que la Sardaigne a encore des marges d'accueil que la Corse n'a, probablement, plus.
La Sardaigne , en termes de pression touristique, se trouve dans la situation de la Corse, au début des années quatre vingt. Il est normal que le tourisme soit vécu quelque peu différemment dans les deux îles. Certes, de fortes analogies existent quant à sa concentration spatiale et temporelle.
En Corse, le processus de baléarisation rampant aurait été sûrement galopant si une autre situation politique avait prévalu dans l'île, depuis vingt ans. La Sardaigne, plus peuplée et plus industrialisée, est encore à l'abri. Pour combien de temps ?

***En Corse, 90 %, de la richesse créée, ne vient pas du tourisme***

En forte croissance, depuis trente ans, le tourisme, nous dit l'Insee, contrairement au sentiment qu'à l'opinion de l'importance de ce secteur, ne représente, en Corse, que 12 % de la valeur ajoutée ou de la richesse crée. Il contribue pour 20% à la consommation des ménages et à l'emploi.

**Historique de la croissance du flux touristique en Corse**

| | |
|---|---|
| 1970 | 500 000 |
| 1983 | 927 000 |
| 1986 | 1 100 000 |
| 1988 | 1 222 000 |
| 1990 | 1 310 000 |
| 1991 | 1 335 000 |
| 1992 | 1 880 000 |
| 1996 | 1 600 000 |
| 1997 | 1 770 000 |
| 2005 | 2 200 000 |
| 2010 | 3 200 000 |
| 2015 | 3 000 000 |

Ce flux est supérieur, en volume, à celui de la Sardaigne pour un territoire trois fois plus petit. Il a triplé en trente ans. Mais le nombre des nuitées (environ 30 000 000) n'a pas suivi, en raison du raccourcissement de la durée des séjours qui est tombée à dix jours.
Comme la Sardaigne, la Corse se singularise par l'extrême concentration de la fréquentation, en été.Au pic de la saison en aout 420 000 touristes sont présents en meme temps. Le printemps et l'automne corse se vendent peu si ce n'est pour la clientèle du troisième âge. Les deux tiers des nuitées prennent place en juillet et en août.
La répartition par nationalité a évolué ces dernières années. Les Français sont passés de 75%, dans les années quatre vingt, à 60 %, en 2009 et sont à nouveau en hausse en 2015 autour de 75% ( effet de la situation internationale ? ) 25% sont des Corses. Mais doit on comptabiliser les Corses comme touristes ? Sur le plan culturel, cela semble une aberration que retiennent les statisticiens, même si, sur le plan économique, cela peut se concevoir partiellement.
La Corse est à la mode, titrait Paris Match, en ce mois d'août 1998. Le préfet de la Corse avait été exécuté six mois plutôt ce qui conduit à s'interroger sur l'incidence de la violence sur le flux touristique et remarquer que les années du « *boum* » touristique ont été aussi des époques de très grandes violences. Entre 1983 et 1992, époque où les attentats atteignirent des sommets, le nombre de touristes double en dix ans, passant de neuf cent mille à un million neuf cent mille.
La clientèle étrangère a grossi fortement sous l'impulsion italienne qui a représenté jusqu'à 45% du flux surpassant la clientèle allemande qui n'en constitue plus que le tiers.
Les Suisses (7%), les Britanniques (6%), les Belges et les Allemands contribuent à étendre la saison, tandis que les Français et les Italiens participent au phénomène très préjudiciable d'hyper concentration, l'été.
On évalue que la part de l'hébergement non professionnel, mais pas totalement non marchand, s'élève à 60 % en Corse ( 80 % en Sardaigne) soit 360 000 lits - cela comprend soixante mille résidences secondaires pour 300 000 lits).

90% des résidences secondaires n'appartiennent pas à des corses. Une grande partie d'entre elles est sous louée l'été et échappe complètement à l'ile, en termes de revenus. Cette activité dite « *non marchande* » mais bien commerciale, générerait environ 25 à 30 millions d'euros défiscalisés puisque généralement non déclarés.
L'hébergement marchand professionnel est d'environ 150 000 lits. On retrouve, dans ces catégories, des Français et des Corses. Les étrangers fréquentent davantage les hôtels et les villages de vacances. La capacité d'hébergement, ces dernières années, est d'environ 500 000 lits. On observe un sur développement du camping et son extrême concentration sur le littoral. On dénombre, dans l'île, 83 lits d'hôtel pour 1000 habitants contre 18 au niveau national, et 220 places de camping contre 46 pour la France. L'hôtellerie de caractère familial a des difficultés de développement tandis que la grande hôtellerie a des problèmes de rentabilité en raison de l'étroitesse de la saison. La clientèle est relativement aisée : 22% de cadres supérieurs, 16% de cadres moyens, 30% d'employés et d'ouvriers et 9% de retraités.
Le tourisme se démocratise, la clientèle de standing représentant une part décroissante. La multiplication des camping-cars et des caravanes a un impact important sur la nature de la dépense touristique, en raison du stockage alimentaire que permet ce type de véhicules.

### *Le prix collectif du tourisme*

Le type de tourisme évolue. Il est toujours principalement balnéaire mais le tourisme vert croit. Les randonnées pédestres et équestres se développent. La plongée, prédatrice parfois, la pêche en mer et en rivière, source de ravages irréversibles à l'occasion, le canyoning, l'escalade et le parapente, dangereux, sont de plus en plus prisés, ce qui pose de nouveaux problèmes de sécurité au coût financier élevé, de protection de l'environnement, de la flore et des espèces sauvages. La Corse est-elle vouée à être un terrain de jeu grandeur nature ? Quel en sera le prix collectif et quels en seront les bénéficiaires ?

## *L'impact économique : une question mal cernée*

Le tourisme représente 11 % de la valeur ajoutée de l'ile - soit 900 millions d'euros - selon l'économiste Guillaume Guidoni , à comparer aux 8 % sardes - D'emblée, on peut s'étonner de son faible apport à la richesse des deux îles surtout si on le compare au bouleversement estival qu'il provoque, dans de multiples domaines.

La raison principale de ce paradoxe, se trouve dans sa mauvaise intégration dans le reste de l'économie :

Certes la dépense touristique s'élève à environ deux milliards d'euros ,hors frais de transport mais cette dépense ou chiffre d'affaire ne signifie pas création de « *richesse* » .

De plus, c'est un chiffre brut qui ne prend pas en compte les sorties d'argent non négligeables des touristes insulaires qui se rendent, hors de Corse, tout au cours de l'année. Le solde net n'est pas connu. Le tourisme est devenu, aujourd'hui, à double sens actant un certain enrichissement des corses mais aussi un changement de la composition de la population qui, pour une part, rentre chez elle.

Le nombre de touristes augmente mais ceux-ci dépensent moins. L'hébergement représente plus de la moitié de la valeur ajoutée directe du tourisme. La consommation touristique représente 20% de la consommation des ménages. L'hébergement et la nourriture sont les postes de dépense les plus importants, respectivement, 35% et 34% de la dépense totale.

Le poids des dépenses des touristes, dans le chiffre d'affaires des entreprises, mesure leur degré de dépendance vis à vis du phénomène touristique. La consommation alimentaire des touristes et donc leurs dépenses, est semblable à celles des résidents. Le surplus de chiffre d'affaire des alimentations tourne autour de 25% mais la concentration de la saison pose des problèmes de gestion du personnel et de stocks. Pour les commerces de détail non alimentaires, l'impact du tourisme est moindre et est estimé à 14% du chiffre d'affaire.

**Incidence du tourisme sur le chiffre d'affaire de différentes branches**

| | |
|---|---|
| Magasins de sport, camping | 40% |
| Habillement | 19% |
| Pharmacie | 14% |
| Ameublement | 8% |
| Automobile | 7% |
| Cafés, restaurants | 45% |
| Hôtels, campings, villages | 97% |
| Transport | 44% |
| Location | 24% |
| Culturel, sportif | 34% |
| Coiffure, blanchisserie | 14% |

En termes de valeur ajoutée, c'est-à-dire de création de richesses, l'impact réel du tourisme est plus limité.

Environ 50% de la dépense touristique alimente les importations. Cette fuite hors du circuit économique insulaire est considérable et pose le problème de sa contribution à un réel développement de la Corse.

Quel est donc l'intérêt de se spécialiser dans des activités qui, pour plus d'une moitié, profitent à d'autres ?

***Le tourisme serait-il le dernier avatar ou la nouvelle frontière d'une colonisation économique mais aussi culturelle qui ne dit pas son nom ?***

La contribution du tourisme à la valeur ajoutée agricole est de 11% et montre son faible impact sur la production agricole insulaire. En 2010,l'emploi est évalué à dix huit mille emplois dans les activités purement touristiques soit sept mille deux cent équivalents temps plein. Les trois quarts de ces emplois sont saisonniers (14 100). Une bonne moitié d'entre eux sont occupés par des non résidents. L'emploi touristique représente environ 12 % de l'équivalent temps plein

dans le secteur privé. La rémunération qui leur est versée (12 millions d'euros) échappe, pour partie, à l'économie locale.
L'apport du tourisme est finalement très modeste, en termes de richesses crées, alors que l'espace qu'il occupe physiquement et psychologiquement est surdimensionné.
Il existe, en outre, des difficultés objectives de quantification et d'évaluation. Faut-il comptabiliser les Corses de retour dans l'île, l'été ? L'Insee le faisait, il y a une quinzaine d'années. On accordera qu'il existe une différence entre « *ces touristes* » et ceux qui se rendent au club Méditerranée ?
L'Insee rapportait en 1978 : la quasi-totalité des Corses de l'extérieur - neuf sur dix - logent dans une maison de famille. Ils représentent le quart de ce que l'on comptabilise comme touristes (656 000). Ils sont à distinguer des « *vrais touristes* » car « *leur comportement n'est pas le même* » . Combien sont-ils aujourd'hui ? Mystère. Ce type de comptabilité a disparu pour des raisons de non ségrégation imposées par l'Union européenne, nous dit l'Insee. Dans une optique européenne, on devrait, alors, distinguer uniquement entre les communautaires et extracommunautaires. Où commence, où finit la ségrégation ?
Le non dit et les arrières pensées, on le voit, foisonnent dans l'appréhension du phénomène touristique.
Ils masquent des choix stratégiques que l'on n'ose avouer clairement. Vaclav Havel a l'habitude de dire que « *le monde se meurt de ce que les gens ne disent pas ce qu'ils pensent et ne pensent pas ce qu'ils disent* » .
Ce flou artistique brouille un essai d'évaluation objectif de l'apport de ce secteur à l'île. Faire du tourisme la locomotive de l'économie insulaire, comme le préconisait la Datar (Délégation à l'aménagement du territoire), n'est tout simplement pas possible, si tant est que cela soit souhaitable. Comme le montrent les chiffres, il constitue un complément de ressources. Mais il ne peut être le moteur unique ni même principal du développement de l'île, comme spéculent, avec de lourdes et transparentes arrières pensées, certains financiers et stratèges publics.
Il faut se rendre à cette évidence un peu surprenante et en accepter le paradoxe : La Corse, pays touristique, ne vit pas du tourisme, ce, malgré trois millions de touristes et neuf cent millions d'euros

de valeur ajoutée que génère cette activité. Seuls quelques gros transporteurs, promoteurs, spéculateurs et grands groupes de distribution tirent leurs marrons du feu estival, tandis qu'une majorité d'insulaires le subit ou récolte les miettes d'un festin auquel elle n'a pas été vraiment convié.

### *Une rentabilité économique et sociale très faible*

Au plan macro-économique, si on prend en compte les investissements que le tourisme nécessite dans le domaine des infrastructures de transport, des équipements publics surdimensionnés pour faire face à l'affluence estivale et des charges récurrentes trop lourdes pour beaucoup de communes qui ne peuvent plus boucler leur budget, la rentabilité économique et sociale interne de l'industrie touristique est faible.

L'attrait touristique de la Corse, pour les groupes financiers vient principalement des plus values spéculatives escomptées sur les terrains et non de l'exploitation de petits commerces laissés aux autochtones et en voie de marginalisation.

Si l'impulsion de l'Etat a été faible dans l'émergence du tourisme insulaire, la création de la SETCO, société pour l'équipement touristique de la Corse, en 1957, a eu valeur de symbole, même si son action a été limitée. Le choix touristique qu'impliquait cette création ouvrait la porte aux intérêts privés aidés par le Crédit hôtelier.

La SETCO définissait sa politique ainsi : « *L'introduction d'exploitants et de salariés étrangers à l'île sera indispensable aux premiers efforts de mise en valeur* »

La Corse devenait terre de colonisation, cent après que le préfet Grandval, en 1878, dans un discours public, souhaitait prospérité à « *cette belle colonie* » corrigeant, de la sorte, la prophétie du Sieur Griffon, de 1848, qui énonçait doctement que « *L'Algérie, à raison de son immense étendue, sera pour nous préférable à la Corse* »

L'intervention de grands groupes financiers (Banque Lafond, Chargeurs réunis, Plm, Compagnie transatlantique, Banque de Paris et des Pays-Bas, Trigano, capitaux allemands, belges, suisses, Uta, Compagnie Paquet, Caisse de Dépôts, Snecma, PTT Armée, EDF...) engendrait les gros villages de vacances et les lotissements résidentiels les plus importants. Des milliers d'hectares étaient gelés en attendant d'être livrés à la spéculation. Les conséquences de ces choix conduisent aux difficultés d'aujourd'hui, que l'on retrouve en Sardaigne, sur la Costa Smeralda.

A cela, Il faut ajouter la question de l'eau et de son partage entre un usage agricole ou touristique. La consommation d'eau est multipliée par cinq ou six et, dans certains endroits, par vingt, en période touristique. On commence à en réglementer la consommation un peu partout. Mais cela concerne, en priorité, les résidents permanents ! ! !

Enfin, les problèmes de l'origine des capitaux investis et les difficultés de la sauvegarde du littoral, en danger permanent de « *bétonisation* » , se posent de façon de plus en plus aiguë en Corse et en Sardaigne.

Les infractions à la loi littorale, les irrégularités multiples liées au foncier sont, d'ailleurs, identiques à celles que l'on trouve tout aussi bien sur la Côte d'Azur ou en Sardaigne. Dans ce contexte, la question des incendies et celle de leurs causes est d'actualité dans les deux îles comme, aussi, dans d'autres régions et pays. La flambée des feux, en Méditerranée est inquiétante. Les pays touristiques sont particulièrement affectés par ce fléau davantage lié à la spéculation immobilière qu'aux écobuages des bergers.

Certains soutiennent toujours l'idée simple , mais peut-être fausse, que le tourisme constitue la panacée au développement de la Corse. D'autres, de plus en plus nombreux, doutent de cette assertion.

« *Une idée fausse mais simple aura toujours plus de puissance qu'une idée vraie, mais complexe* » disait, déjà, Tocqueville. L'avenir tranchera.

## *Tourisme et culture*

Sur le plan culturel, enfin, les désordres, qu'engendre une société à dominante touristique, ont été suffisamment analysés pour qu'il ne soit point besoin d'insister: consumérisme, perte d'identité, de repères et de valeurs...
Le passage d'une société de don à une société mercantile rend difficile le mariage entre l'hospitalité due à « *u furesteru* », en Corse ou à l' « *anzenu* », en Sardaigne, et le rapport d'échange purement monétaire que crée le tourisme de masse.
Identité et tourisme ne peuvent certainement pas s'accorder, comme le pensent certains. Si un tourisme évolué est à la recherche de pays à forte identité, son développement conduit inéluctablement à la disparition lente mais sûre de l'originalité et de l'authenticité de la région visitée. Très vite, l'identité n'est plus qu'un décor ou un masque.
L'économie a de fortes incidences culturelles que l'on mesure de plus en plus rarement aujourd'hui. La culture n'est souvent plus qu'un patrimoine à valoriser dans une perspective purement mercantile.

## *En Sardaigne, le tourisme se voit confier un rôle de secteur porteur conjointement à l'industrie et l'agriculture*

Le décollage touristique de la Sardaigne date des années soixante. C'est aussi, à cette époque, que la puissance publique commence à réfléchir sur la question touristique. Des propositions sont faites visant à mettre en place un « *Plan de valorisation touristique de l'île* » .
La région, qui bénéficie, en matière de tourisme, d'une compétence normative primaire et exclusive, en raison du statut spécial de l'île, crée « *l'Ente sardo industrie turistiche* » (ESIT).
Dans le plan quinquennal (1965-1969), le tourisme se voit confier un rôle de secteur porteur de l'économie,conjointement à l'industrie et l'agriculture.

### *Un développement mal maîtrisé*

Entre cette volonté de programmation et la réalité de ce qui se passe, un sérieux fossé se creuse.
Le plan ne mentionne même pas la Costa Smeralda, qu'une journaliste du Monde dénomme joliment et justement « *une Italie entre parenthèses* » . Dans le même état d'esprit, combien de « *petites Frances entre parenthèses* » y-a-t-il en Corse ?
Pôle majeur touristique de l'île, la Costa Smeralda a été sponsorisée par l'Aga Khan qui, dans un premier temps, avait envisagé de s'installer du coté de Pinareddu, près de Porti-vecchju
D'autres Aga khan s'occuperont, dans l'extrême sud de la Corse, de Bunifaziu à Rondinara, de Spirone à l'île Cavaddu, (Cavallô et Bonif pour les initiés de la jet-set cultivant une certaine paresse morphologique qu'a mis en lumière le linguiste-lexicologue français Alain Rey, éditeur des dictionnaires Le Robert) avec un savoir faire limité quant à la protection de l'environnement, du libre accès aux plages ou de la sauvegarde des sites archéologiques mais réel pour satisfaire les désirs de tranquillité des estivants de marque.
La spéculation foncière et immobilière s'abat sur la Sardaigne comme elle s'installe en Corse, avec, dans cette dernière, un contexte politique, qui en ralentit le rythme et conduit à la crise grave que connaît la Corse aujourd'hui.
La préservation des rivages est due au réveil de la conscience nationale des Corses. La création d'un Conseil des rivages a poursuivi cette volonté collective de ne pas voir la Corse, devenir les Baléares ou la Côte d'Azur.
Mais, certains parlent, ces dernières années, en Corse, à nouveau, de « *déverrouiller* » ou dernièrement de « *de sanctuariser* » les rivages. En dehors de la laideur de l'expression, le temps de la spéculation reviendrait-il, dans un « Etat de droit » retrouvé, qui est aussi l'autre formulation de la paix civile, sans laquelle le développement, pour les uns, les « affaires », pour les autres, ne peuvent reprendre.
« *Comme au bon vieux temps des colonies* », dirait Sardou ?

### *Un impact économique relatif*

L'impact économique de la dépense touristique sur l'économie est difficile à évaluer précisément mais est généralement considéré comme modeste. La valeur ajoutée du secteur s'élève, en 2014, à 2 milliard deux cent millions d'euros, soit 8% de la valeur ajoutée globale.

### *Un effet multiplicateur limité*

Les analystes sardes estiment que l'effet multiplicateur du tourisme est limité, en termes d'emploi, environ 15 000, aux deux tiers saisonniers, ou de production agro-alimentaire. Ils insistent tous sur ses coûts pour l'environnement, en soulignant, comme les Corses, ses effets négatifs dans divers domaines : bétonisation, mitage, infrastructures et équipements surdimensionnés, collecte des déchets et privatisation du littoral.
Ils remarquent que, seul, le commerce est bénéficiaire du tourisme et que ses effets sur la production insulaire sont faibles. Ils soulignent la perte d'identité (folklorisation) qu'il provoque.
Ces craintes des analystes sardes pour la Sardaigne donnent la mesure du danger d'une extension démesurée du tourisme en Corse où la pression touristique est six fois supérieure à celle existant en Sardaigne, dans une île trois fois moins grande et cinq à six fois moins peuplée et où le secteur productif local ne peut être qu'étouffé par une croissance touristique demandant des produits de masse, standardisés, nécessairement importés, et qu'il ne peut fournir.

### *Des politiques de limitation du développement touristique sont définies aux Baléares, aux Canaries et à Chypre*

L'exemple des Baléares, où on commence à démolir des hôtels, indique la direction à ne pas suivre. Père Salvà, professeur à l'université des îles Baléares, s'indigne : « *La colonisation atteint des sommets. Dans la région de Tramuntana, les terrains aux mains d'étrangers représentent 30% du territoire. Ces résidents*

*sont au nombre de quatre vingt mille et ont une mentalité urbaine qui les pousse à barrer des chemins vicinaux traditionnels ou à clôturer leurs fermes. La colonisation ne s'arrêtera que si nous, les Majorquins, conservons le contrôle social du territoire. Sans notre identité, nous sommes perdus.* »
Les autorités des Baléares sont venues, en Corse, il y a quelques années, dire que leur expérience était fortement négative et pour s'inspirer d'une situation corse qui leur paraît, à ce jour, moins compromise que la leur. Et pourtant, dit-on, les mallorcains auraient créé une meilleure synergie qu'en Corse, entre la consommation alimentaire touristique et la production agricole insulaire.
Aux Canaries, à Lanzarote, pour assurer un développement durable, on freine la construction hôtelière.
Le Cabildo, la plus haute institution insulaire des Canaries, vient d'adopter un moratoire ramenant, de 100 000 à 8 800, le nombre de lits à créer dans les dix prochaines années. L'exposé des motifs souligne que « *la présence de centaines de milliers de personnes de passage - en haute saison, deux cent mille en même temps - a provoqué une crise d'identité culturelle chez les habitants, des déséquilibres de peuplement, des dégâts écologiques irréversibles, et même l'émergence d'un sentiment xénophobe* »
A Chypre, avec deux millions de touristes par an et 20% de l'activité de l'île, comme en Corse, « *les autorités ont toutefois conscience que le plafond en ce domaine n'est pas loin d'être atteint* », rapporte Sophie Gherardi du journal le Monde.

### *Du retard de développement au mal développement*

Le retard de développement de certaines régions ou pays, couplé à l'attractivité que représentent des espaces vierges, conduit à une expansion du tourisme qui, en raison du caractère saisonnier et peu créateur de valeur ajoutée qu'il induit, conforte le mal développement ou le sous-développement que l'on était censé combattre. Cercle vicieux supplémentaire ?

### ***Un système de privatisation des profits et de socialisation des charges et des pertes***

De l'avis de beaucoup, l'économie touristique ne peut se contenter d'être un système de privatisation des profits et de socialisation des pertes. Les coûts sont à la charge des collectivités tandis que les recettes vont entre des mains marchandes.
La question de fond que pose le tourisme, sur le plan économique, est celui de la contradiction qu'il y a, parfois, entre enrichissement individuel et appauvrissement collectif. La Corse et la Sardaigne sont particulièrement confrontées à ce problème.
Le Professeur et archéologue Giovanni Lilliu craignait que « *sans intégration du tourisme avec l'agriculture et l'artisanat, on risquait de transformer la Sardaigne en des disneyland que l'on exploite et jette après usage* ».

# Chapitre 3
# Historique du commerce extérieur des deux îles

### *Des taux de couverture très différents*

De 33%, en 1977, le taux de couverture des importations par les exportations, en Corse, est passé à 12 % dans les années deux mille dix, atteignant un seuil critique que l'on ne retrouve que dans les DOM français : il est de 24% à la Martinique, de12% à la Réunion et en Guadeloupe.
Il est de 26% aux Canaries, de 60% à Madère, de 49% aux Açores et de 33% aux Baléares. Il est, par contre de 69%, en Sardaigne, en 1982. De 37%, en 1971, il a atteint 82%, en 1981. Il s'est stabilisé autour de 45-50%, depuis les années 2000.
Le taux de couverture, en Corse régresse sur la longue période, tandis que celui de la Sardaigne progresse, pour ensuite se stabiliser à un niveau médian. En Sardaigne, les variations considérables des exportations plus importantes que celles des importations expliquent ces mouvements en accordéon qu'induisent les changements de la conjoncture internationale. Le poids des importations, conséquence de l'activité touristique, en Corse, et du développement industriel, en Sardaigne, risque de perpétuer et d'accentuer, en Corse, la faiblesse du taux de couverture et donne la mesure de la dépendance des deux îles. Elle est incroyablement plus accentuée pour la Corse.

**Historique des taux de couverture (exportations / importations)**

| | 1971 | 1981 | 1987 | 1988 | 1989 | 2005 |
|---|---|---|---|---|---|---|
| Corse | 33 | 26 | 12 | 12 | 13 | 12 |
| Sardaigne | 37 | 82 | 47 | 53 | 47 | 51 |

### *Le volume des exportations sardes, par habitant, est vingt fois supérieur à celui de la Corse, celui des importations, quatre fois*

La Sardaigne exporte un volume de marchandises vingt fois plus élevé que celui de la Corse. Compte tenu de sa population, la Sardaigne exporte environ quatre fois plus de marchandises, par habitant, que la Corse.
Pour les exportations, le volume de marchandises exportées par la Sardaigne est égal à cent trente fois celui de la Corse, soit, par habitant, vingt fois supérieur. La présence d'une industrie lourde en Sardaigne en est la raison majeure. Les produits pétroliers représentent en effet plus de la moitié des tonnages importés et exportés. La Sardaigne a un commerce extérieur plus ouvert sur l'économie internationale, ce qui explique, aussi, la crise qu'elle traverse. Le poids du commerce extérieur, mesuré par l'addition des importations et des exportations que divise le PIB, est de 0,2, pour la Corse et de 3,8 pour la Sardaigne, marquant une différence considérable entre les deux îles.

### *En Corse, la structure du commerce extérieur reflète l'absence d'industries*

**Le commerce extérieur corse, en volume : importations et exportations**
(1991*, en milliers de tonnes)

| | Importations | Exportations |
|---|---|---|
| Produits agricoles | 77,3 | 66,7 |
| dont bois, liège | 0 | 20,1 |
| Clémentines | 0 | 15,9 |
| Salades | 0 | 6,7 |
| Denrées alimentaires | 212,5 | 27,9 |
| dont vin | 0 | 25,3 |
| Produits pétroliers | 445,9 | 22,8 |
| Matériaux de construction | 268,3 | 3,8 |
| Produits manufacturés | 254,8 | 50,1 |
| **TOTAL** | **1314,3** | **179,9** |

Source: *le service des douanes ne donne plus de statistiques depuis une quinzaine d'années en raison de l'intégration dans l'UE.

### *En Corse, la structure du commerce et se traduit par une balance commerciale structurellement déficitaire*

L'évolution, en volume, des échanges de marchandises entre la Corse et l'extérieur, fait apparaître depuis 1988, un déficit supérieur à un million de tonnes.
En dépit des différences parfois sensibles d'une année sur l'autre, la balance commerciale se détériore régulièrement depuis trente ans.
Une légère amélioration relative intervient dans les années quatre vingt dix. Le volume des importations et des exportations croit respectivement de 18% et de 33%, ce qui améliore de deux points le taux de couverture.
La part du commerce extérieur avec l'étranger reste assez stable dans les deux sens. Cette part atteint cinquante neuf mille tonnes, soit 4% du trafic total et reflète la concentration des échanges avec le continent français, le caractère peu diversifié du commerce extérieur corse et partant le poids des facteurs « *non économiques* » dans cette situation. L'économie corse est captive.
La structure du commerce extérieur est le reflet de l'économie de l'île. A la fin des années 2000, avec plus de 34% des importations, les produits pétroliers représentent le premier tonnage transporté et donnent la mesure de la dépendance énergétique actuelle de l'île. Viennent ensuite, deux cent quatre vingt dix mille tonnes de produits agricoles et de denrées alimentaires, un volume supérieur à celui des matériaux de construction.
L'évolution des importations, depuis 1966, donne, en creux, la mesure de l'effondrement des productions locales et partant de l'inadéquation des politiques suivies. Est-ce du à la force des choses, à une absence de volonté ou à des stratégies assumées ?

**Historique des Importations alimentaires, en Corse**

| | 1970 | 1975 | 1981 |
|---|---|---|---|
| Lait | 2310 | 11 680 | 14 950 |
| Viande | 5950 | 10 700 | 15 360 |
| Légumes | 3590 | 7200 | 12 210 |
| Fruits | 6990 | 7220 | 13 700 |

Source: douane (tonnes)

Les importations de lait ont décuplé en quinze ans, celles de viande, quadruplé, celles de légumes, triplé et celles de fruits ont doublé.

### *En Corse, des exportations agricoles concentrées sur quelques produits*

Leur évolution depuis trente ans est la suivante : les agrumes se développent considérablement décuplant avec un pic de vingt cinq mille tonnes dans les années deux mille. La concurrence espagnole et nord africaine a mis un sérieux coup de frein à ce marché prometteur.
L'évolution de la production de vin reflète les politiques erratiques menées aux niveaux national et communautaire.
Les exportations de fromage s'effondrent. Les troupeaux, après avoir été décapités dans la plaine orientale pour faire la place aux viticulteurs rapatriés d'Algérie, ont du mal à se reconstituer en raison des difficultés d'installation des jeunes se lançant dans l'élevage.

**Historique des exportations alimentaires**

| | 1966 | 1970 | 1975 | 1980 | 1991 |
|---|---|---|---|---|---|
| Agrumes | 40 | 1700 | 7740 | 24 680 | 15 914 |
| Vin | 32 500 | 115 180 | 167 490 | 157 080 | 25 300 |
| Fromage | 2100 | 1320 | 1050 | 620 | 266 |

*Données disponibles

La part des échanges avec l'étranger s'accroît régulièrement mais reste très marginale. Elle est de 4% du trafic total. Pour les exportations vers l'étranger, le bois et le liège vont en Sardaigne tandis que les clémentines et le vin sont absorbés par le marché français. Les kiwis sont exportés, pour moitié. Il n'y a aucune exportation de fromage vers l'étranger. La plupart sont fabriqués

de manière traditionnelle et ne sont donc pas exportables sur le marché communautaire. Comment pourrait-il en être autrement dans un monde « *pasteurisé* » qui exclut les produits qu'on appelle identitaires ?
Les normes UE veillent sur la non conformité des objets. Est-ce l'annonce d'un monde totalitaire où tout ce qui ne serait pas aux normes y compris l'existence de certaines catégories d'hommes, serait prohibé ? A une autre échelle, Sergio Salvi parle de « *nazione proibiti e lingue tagliate* ».

**Orientation géographique et sectorielle des exportations**
(2000, en tonnes )*

| | Sorties (Fr )* | Exportations (etr )* | **TOTAL** |
|---|---|---|---|
| Agrumes | 13 280 | 2634 | **15 914** |
| Kiwis | 8201 | 6992 | **15 193** |
| Salades | 6245 | 0 | **6245** |
| Bois, liège | 2956 | 17 181 | **20 137** |
| Vin | 24 368 | 932 | **25 300** |
| Fromage | 266 | 0 | **266** |
| Pierre | 3789 | 41 | **3830** |

*Données disponibles

## *En Corse, le déficit commercial se creuse dangereusement*

Dans les années deux mille, on estime le déficit commercial à à 6,4 milliards de francs.
Le commerce extérieur se décomposait en 7,2 milliards d'importations dont 4% en provenance de l'étranger et 0,8 milliards d'exportations dont 9% vers l'étranger.
Les principaux postes d'importations sont les produits pétroliers, les voitures, la viande, les produits laitiers, le poisson et les matériaux de construction.
Le déficit, en valeur, de la balance commerciale se creuse par la conjugaison de la hausse des importations et de la baisse des exportations, situation à tous égards très préoccupante. La perte de 14 points dans le taux de couverture, de 26 à 12%, entre 1981

et 2005 est une indication de cette dégradation. Dans une approche « *balance des paiements* » , le tourisme comptabilisé en équivalent exportation, réduit le déficit d'un tiers mais il augmente les importations de la moitié de son apport à l'île.
Le solde global du commerce extérieur agricole corse, fortement négatif, reflète la faiblesse de l'économie insulaire, l'accent démesuré mis sur un développement favorisant la consommation et négligeant la production qu'une politique de plus en plus axée sur le tourisme ne peut qu'aggraver.
La puissance des monopoles commerciaux, de fait, pour le ciment, le pétrole et la grande distribution ou, de droit, dans les transports, et les effets pervers de la continuité territoriale, pour les marchandises, font de la Corse une île captive à la dépendance toujours accrue. Celle-ci est probablement insurmontable, dans l'état actuel de la législation, des pratiques commerciales, des mentalités et des politiques publiques menées.

***En Sardaigne, un commerce extérieur déficitaire mais diversifié***

A partir du premier plan de renaissance, le volume des échanges décuple. La destination des exportations sardes est orientée, pour moitié, vers la CEE et pour un quart vers l'Afrique du Nord. Les échanges avec les Usa, l'Aele, le Japon , l'Europe centrale sont notables. La province de Cagliari regroupe 75% des exportations.
La progression des importations est sensible tandis que celle des exportations est plus mesurée, ce que certains, en Sardaigne, analysent comme un accroissement de la dépendance vis à vis de l'extérieur.
Les importations de denrées alimentaires ont doublé. Les exportations agricoles, quant à elles, diminuent de moitié, tandis que celles de produits alimentaires augmentent de 80%. L'exportation de papier est multipliée par deux.
La sensibilité du commerce extérieur est un indicateur de l'intégration de l'économie sarde et de son caractère productif. Le commerce extérieur sarde reflète l'intégration de l'économie insulaire à l'économie internationale. Il est relativement diversifié.

***Les deux îles ont une dépendance forte vis à vis de l'extérieur et des marges d'autonomie faibles***

Les deux îles ont en commun une balance du commerce extérieur déficitaire mais la comparaison s'arrête là.
Les exportations sardes, relativement diversifiées, reflètent une économie de production où la transformation et partant la valeur ajoutée est réelle. Les exportations corses, très concentrées, sont, elles, le miroir d'une économie extravertie dans laquelle deux ou trois produits agricoles forment le gros des exportations tandis que les cultures vivrières ont été systématiquement abandonnées dans un schéma de type colonial.
Les importations sardes et corses présentent un certain nombre de points communs : importance des produits manufacturés, explosion des importations, en été, pour satisfaire la consommation des touristes.
En revanche, les exportations sardes sont constituées aussi de produits bruts transformés en Sardaigne, signant la différence sarde. Il en résulte que l'intégration à l'économie internationale est plus forte en Sardaigne qu'en Corse, tandis que la dépendance vis à vis de l'extérieur est plus nette en Corse qu'en Sardaigne.
Malgré ces différences, les marges d'autonomie sont faibles dans les deux îles.

***La Corse exporte vers la Sardaigne, des produits primaires à faible valeur ajoutée***
***L'exportation de produits de la mer se développe de façon inégale***

Le bois constitue la principale exportation vers la Sardaigne, les deux principaux postes etant le bois de chauffage et le liège ansi que le bois en grume.
Le poisson corse est prisé en Sardaigne et la part de l'aquaculture devient importante dans les exportations. Les anguilles sont un plat de fête en Italie méridionale.
On observe, en conclusion, la modicité des quantités exportées ainsi qu'une évolution dans la nature des produits : le maïs semble

stable, les légumes et les fruits frais prennent le relais des clémentines tandis que semble se profiler un marché pour les eaux naturelles. L'exportation de viande pourrait se développer si la production et l'organisation des marchés progressait en Corse.
Malgré la similitude des produits agricoles, sur le plan agricole, des créneaux existent même s'ils sont modestes. La proximité des goûts alimentaires peut aider à constituer des débouchés réciproques pour la Corse et la Sardaigne : huile, lait, eaux, fruits, poissons, viande, charcuterie, fromage, miel, céréales, légumes, buttarga...

***Des produits transformés, en provenance de Sardaigne vers la Corse***

Le liège et le bois reviennent de Sardaigne, travaillés. Le lait et les ovins semblent se créer un marché en raison du déficit en lait de la Corse. Eleveurs et fromagers sont en conflit. Le débat est difficile : L'absence de traçabilité pose problème. Mais sait-on, par exemple, que le Roquefort a été fabriqué, pour partie, pendant des décennies, avec du lait de brebis corse ?
Les produits en provenance de Sardaigne sont principalement des produits transformés du secteur secondaire liège travaillé, tuiles, carrelages, ciment, pierre de taille, agglomérés, briques, papier et carton, corail travaillé, meubles, tubes et tuyaux, mais aussi des produits laitiers et des ovins.
Il faut mentionner les problèmes de réexpédition existant dans les deux sens : en 1990, on observe une sortie de bovins vers la Sardaigne mais ce sont des bêtes continentales transitant par la Corse. Les bovins corses ne pouvaient être exportés car il n'y avait pas, en Corse d'abattoirs aux normes CEE, au tournant des années 2000. Ils étaient découpés sur le continent, même pour la vente en Corse. Cet état de fait a cessé très récemment.
On note aussi l'exportation de voitures Renault, par le port de Prupianu. Dans l'autre sens, les produits du continent italien entrent plutôt par Bastia que par la Sardaigne.

### *Des échanges de voyageurs en progression : Le trafic a doublé en dix ans*

De cent mille, en 1983, le trafic est passé à deux cent soixante mille, en 1992. Après une décrue, de 1993 à 1996, il est reparti à la hausse depuis 1997.La ligne Bunifaziu-Santa Teresa subit les aléas provoqués par la restructuration et la privatisation des compagnies maritimes italiennes. L'été, deux compagnies italiennes se partagent le marché ; l'hiver, il n'y en a plus qu'une seule, la Saremar qui pourrait abandonner la desserte ce qui serait grandement préjudiciable aux deux ports.

Une solution est recherchée et en passe d'être trouvée grâce à la coopération entre la région sarde et la nouvelle Assemblée de corse, nationaliste, élue en 1995, mettant en avant la notion de continuité territoriale européenne.

Cette augmentation du flux des passagers, entre la Corse et la Sardaigne, est aussi la résultante de politiques tarifaires des transporteurs maritimes qui favorisent le transit par la Corse (Bastia), pour les Italiens et les Européens du nord et bénéficie principalement à la Sardaigne. La côte orientale de la Corse devient une zone de transit. Cela présente des inconvénients majeurs. L'intérêt des transporteurs ne doit pas l'emporter sur ceux de l'île et de ses habitants. Le tourisme est un énorme marché pour les grands transporteurs aériens et maritimes. Ceux-ci sont à l'origine d'un discours sur le tourisme qui favorise d'abord leurs intérêts, au détriment de beaucoup d'autres.

# Chapitre 4
# L'économie sarde

### *Une économie diversifiée mais en voie de tertiarisation*

L'économie sarde,déjà fortement tertiarisée, accuse un revenu par tête inférieur de 21% à celui national italien et supérieur de 18% à celui du Mezzogiorno .
Le produit intérieur brut sarde, en 2014, se monte à 31,6milliard d'euros soit à 19021 euros par habitant, à comparer à celui de la Corse qui est de 8 573 milliards ,soit quatre fois moins.
Au fil des années, l'écart à la moyenne nationale italienne reste sensiblement le même tandis que l'écart avec le Mezzogiorno diminue au détriment de la Sardaigne.
On distinguera, pour l'analyse, trois phases : 1950-1960, 1960-1970 et 1970 à aujourd'hui.

### *Une puissante dynamique agricole ou la phase préindustrielle : les années 1950-1960*

La première phase se caractérise par une forte dynamique agricole et une crise de l'industrie traditionnelle, surtout du secteur minier. Le revenu régional croît au taux moyen annuel de 3,9% à comparer aux 4,5% du Mezzogiorno et aux 6,3% du Centre-Nord. Le fort taux d'augmentation de la population fait qu'en Sardaigne, le revenu par tête n'est multiplié que par 2,6. La part du revenu régional dans le revenu national diminue.

### *L'industrie est le moteur de la croissance : les années 1960-1970*

La deuxième phase, dite « *années de la Renaissance* » et période d'industrialisation sauvage, voit le produit régional croître (5,7%)

plus vite que le produit national (4,3%) et le produit du Mezzogiorno (4,8%). L'industrie est le moteur de la croissance tandis que l'agriculture stagne.
La réduction de l'accroissement de la population conduit à une augmentation sensible du revenu par tête : 5,7% contre 5,2% dans le Mezzogiorno et 4,3% au plan national. L'écart entre le revenu par tête régional et national reste sensiblement le même, autour de 77%.
Le rapport entre les importations nettes et les ressources disponibles, mesurant le degré d'intégration ou de dépendance de l'économie insulaire vis à vis de l'extérieur, s'accroit.
La part de la valeur ajoutée dans l'agriculture diminue drastiquement, de 31% en1950, à 7 % en 2000 et 3,2% en 2014.Dans l'industrie, elle augmente de 24% à 30% en 2000 pour chuter de 2000 à 2012 et ne plus représenter que 14% de la valeur ajoutée totale. Une forme désindustrialisation prend corps dans l'ile, à l'image de ce qui se passe dans d'autres pays européens.

**Historique de la valeur ajoutée**

| | 1950 | 1970 | 2000 | 2012 |
|---|---|---|---|---|
| Agriculture | 31 % | 15 % | 7 % | 3,2%* |
| Industrie | 24 % | 30 % | 30 % | 14 % |

*Banca d'Italia

Les services occupent plus de 80% de la valeur ajoutée totale. Avec 14%, le secteur industriel sarde est sur le repli comme en France d'ailleurs. La désindustrialisation est une tendance lourde sur le continent européen.

### *La montée des crises, de 1970 à aujourd'hui*

La troisième phase, appelée « *phase programmée* » est caractérisée par un ralentissement du taux de croissance contrastant avec le

dynamisme de la période précédente. Le rythme des investissements décroît plus vite que celui des revenus et de la consommation, en raison de l'expansion du tertiaire, moins sensible aux crises de production. Les mécanismes stabilisateurs de type institutionnel, comme le système d'assurance chômage contribuent à freiner la chute des revenus et de la consommation. La valeur ajoutée par habitant s'est détériorée comparée à celle du continent.
La crise industrielle, la modernisation insuffisante de l'agriculture et un secteur tertiaire pléthorique ne permettent pas de gain de productivité.
La consommation finale est plus importante par rapport au PIB que sur le continent : 86% contre 79%. C'est une indication de l'importance des transferts de l'extérieur, publics ou privés.

### *Le poids de l'émigration et l'évolution du marché du travail*

L'émigration est la donnée fondamentale et structurelle permettant d'appréhender les problèmes de la main d'œuvre dans l'île : elle a une fonction régulatrice et peut, en partie, occulter une approche exacte du problème du chômage. On distingue chronologiquement trois périodes dans l'évolution du marché du travail
La première, qui s'étend de 1951 à 1961, est caractérisée par un important exode agricole et une émigration sensible. La deuxième, de 1961 à 1971, est celle de la montée en puissance de l'emploi industriel. La troisième, de 1971 à nos jours, marque la tertiarisation de l'économie.
En 1951, le recensement indique que la population active est de 452 000 personnes sur une population totale de 1 276 000. Avec un taux d'activité de 33,2%, la structure des actifs est fortement orientée vers l'agriculture qui totalise 50% de l'emploi. Ceux-ci sont essentiellement masculins (86,6%).
Exode agricole, émigration, urbanisation et début de tertiarisation de l'emploi constituent les données du marché du travail insulaire à cette époque.
De 1951 à 1961, les emplois agricoles diminuent de 54 000. L'agriculture n'absorbe plus que 40% de l'emploi total. L'exode rural touche les hommes d'âge moyen attirés par le boom de la

construction lié à l'urbanisation. Le vieillissement de la population, la féminisation des zones rurales et les déséquilibres territoriaux s'accentuent.
La progression de l'emploi dans l'industrie et les autres secteurs absorbe, pour une part, les travailleurs agricoles, mais c'est l'émigration qui constitue le régulateur du marché du travail.
Celle ci a changé dans sa composition et sa destination. Elle est devenue temporaire. Elle n'est plus familiale et est axée sur l'Europe du nord et non sur l'Amérique, comme au début du siècle. La flexibilité et la segmentation du marché du travail deviennent la règle.
La naissance d'un marché du travail industriel d'un nouveau type, conséquence de l'industrialisation forcée des années soixante, se met en place. Une classe ouvrière est en train d'émerger dont le poids économique et social ira grandissant. Une modification sectorielle de l'emploi et une réduction du taux d'activité interviennent.

### *Des difficultés pour créer des emplois durables*

Dans cette période le rapport investissement/création d'emploi est très défavorable. L'industrie est incapable d'absorber la main d'œuvre rendue disponible par l'exode rural qui s'élève, à cette époque, à 71 000. L'emploi, dans l'industrie, a cru de 27 000 unités, et de 23 000 dans le tertiaire.
Une explication de cet échec relatif dans la création d'emploi durables, réside dans le fait que les emplois sont induits par le bâtiment dans la phase d'implantation des usines et qu'ils disparaissent une fois, celles-ci construites.
Des raisons plus générales existent tenant au type d'industrialisation, peu en phase avec l'île, et s'appuyant sur un modèle trop orienté vers l'exportation, provoquant une trop grande dépendance des marchés internationaux.
De façon plus générale, l'urbanisation et l'industrialisation imposée de l'extérieur ont accéléré les déséquilibres humains et territoriaux.

### *La progression des emplois précaires*

La tertiarisation de l'économie va de pair avec une progression des emplois précaires et de la sous-occupation. Ils sont estimés à cinquante mille.
L'emploi public compte pour une bonne part dans la tertiarisation de l'économie et est lié à l'importance de la dépense publique dans le processus de développement insulaire. Dans l'agriculture, les pensions d'invalidité et de vieillesse augmentent.

### *Un taux de chômage fort et persistant*

En 1990, sur les cent mille chômeurs officiels, environ 60% ont moins de 25 ans. Dans l'industrie, les chômeurs inscrits s'élevaient à environ vingt mille personnes. Le chômage des jeunes et des femmes, qui ne trouvent pas leur place dans le tertiaire, grandit. La substitution d'emploi l'emporte sur la création d'emploi. Les difficultés observées en matière d'emploi, l'importance du chômage, sont les signes tangibles de l'inadéquation des politiques de développement menées en Sardaigne.
En 2000, le taux de chômage, en Sardaigne était de 20,6% à comparer aux 10,2% de l'Italie continentale.
En 2006, il était de 10,8 %, marquant une surprenante diminution.
En 2015, conséquence de la crise internationale des années deux mille neuf et suivantes, il repart à la hausse, pour atteindre 17,4%, soit 118 000 chômeurs.
Ce taux est moins élevé dans le Nuoro plus rural, où la population est extrêmement clairsemée en raison d'un siècle d'émigration.
Les zones les plus industrialisées sont aussi les régions où le taux de chômage est le plus accentué.

### *L'agriculture et l'élevage sont la matrice historique de la société insulaire*

L'agriculture sarde, matrice historique de la société insulaire, est entrée, depuis une trentaine d'années, dans une phase de transformation fondamentale. C'est aussi la montée des crises. Le poids du monde agro-pastoral sur la société et l'économie insulaire est l'élément clé de la compréhension de l'histoire économique, sociale et politique de l'île.

## *Dans les années 1950-1960, l'agriculture et l'élevage sont les piliers de l'économie*

A cette époque, les piliers de l'économie insulaire sont l'agriculture, l'élevage et les mines.
En 1951, 36% de la valeur ajoutée régionale provient du secteur agro-pastoral, 17% des mines. L'agriculture occupe 50% des emplois. Un million sept cent mille hectares sont cultivés. Le froment est la culture majeure avec près de deux millions de quintaux. La vigne et l'olivier sont les cultures de spécialisation les plus importantes.
Les techniques productives sont de type extensif. La propriété est très fractionnée. Le caractère accidenté des terrains, le manque d'eau et l'insuffisance d'infrastructures contribuent aux faibles rendements des spéculations. Grâce à l'utilisation des fertilisants, la production commercialisée augmente de 5,5% par an de 1952 à 1962.
A la fin des années soixante, on va entrer dans un cycle de réduction de l'apport de l'agriculture au produit global régional et à un exode rural accentué. L'intervention de la puissance publique a été déterminante, durant ces années, que cela soit au niveau régional ou étatique ou dans le cadre du « *Plan de Renaissance* ».
L'importance des moyens financiers mis en œuvre n'a pas empêché la baisse du taux de croissance du secteur agricole qui s'est modernisé. L'insuffisance de réformes structurelles en est, semble-t-il, la cause.

## *Le déclin agricole des années 1960-1970*

Les deux recensements agricoles de 1961 et 1970 permettent de constater un certain nombre d'évolutions : La diminution de la superficie cultivée est de 64 000 hectares, soit 3% de la surface totale. Neuf mille entreprises agricoles disparaissent.

L'abandon cultural a été en fait plus important, et a été estimé à deux cent mille hectares et représente 11% des surfaces. Ce sont les cultures céréalières qui ont subi la plus grande diminution (107 000 ha). Les pâturages et les prés permanents ont régressé de 154 000 hectares, les cultures fourragères ont, en revanche, augmenté de 33 000 hectares.
La disparition des exploitations, couplée à une concentration des superficies agricoles, a surtout touché celles dont la dimension est inférieure à cinquante hectares.
L'élevage, subit les mêmes tendances. La concentration de type capitalistique et la disparition des formes d'agriculture traditionnelle constituent le paysage contrasté d'une activité globalement en crise. La transformation des formes juridiques de l'exploitation de la terre (métayage...) est une des causes des évolutions retracées plus haut. Les spéculations nouvelles telles que les pommes de terre, les légumes, les agrumes, les bovins et les porcs, progressent tandis que les spéculations traditionnelles comme les céréales, les légumes secs, l'huile d'olive, les ovins et la viticulture régressent.
La production de blé a fortement baissé (-20%) et les superficies cultivées diminuent de 44%. L'augmentation des rendements à l'hectare explique la moindre réduction de la production.
Grâce à une élévation des rendements, certaines cultures, par contre, se développent telles que celles de l'artichaut, de la pomme de terre (+23,3%), de la betterave sucrière et du vin qui croît de15,2%.

## *La question pastorale*

En 1980, l'élevage ovin contribue pour environ 30% à la formation du produit intérieur agricole
28 000 personnes y travaillent sur un total de 85 000 occupées dans l'agriculture. Cela représente 5% des 480 000 emplois de l'économie sarde. 45% du lait de brebis produit en Italie est sarde. Le fromage (Pecorino Sardo, Fiore Sardo et Pecorino Romano) est, pour la majeure partie, exporté en Italie et en Amérique du nord. Mais la concurrence argentine et la crise financière américaine (2008) commencent à mettre en danger l'implantation des fromages sardes sur le marché américain.

Le pastoralisme est considéré comme la matrice d'une forme de civilisation propre à la Sardaigne. Le système de valeurs de ce monde est un point de référence pour le peuple sarde.

### *Après une forte augmentation des années soixante aux années deux mille*

Les ovins, après avoir atteint un pic de trois million de têtes dans les années 1980-1990, ont été en régression avec un million sept cent mille têtes en 2006. Mais on assiste, ces dernières années, de façon un peu surprenante, à une reconstitution du troupeau qui atteint, à nouveau, les trois million de têtes.
La production laitière ovine croit, depuis les années soixante, pour atteindre dans les années 2000-2010 plus de trois cent million de litres (3 300 000 en Q.LI en 2011). La production de fromage , en 2011, s'élève à 280 000 Q.LI. Les caprins, depuis trente ans, enregistrent une réduction forte (45%).Ils sont , aujourd'hui de deux cent cinquante mille têtes et la production de lait s'élève à deux millions de litres chaque année.
Les bovins augmentent et sont au nombre de 260 000 en 2016. Cette augmentation est due, pour l'essentiel, à l'introduction de la race bovine «*frisonne italienne* » , à l'amélioration des techniques d'élevage, à la mécanisation des fermes, l'utilisation d'aliments concentrés et l'amélioration des techniques de conservation fourragère. La production de viande croit moins vite qu'au plan national. Le faible poids des bêtes à l'abattage l'explique. Les porcs (160 000) croissent, malgré l'extension d'une grave maladie, la peste porcine africaine, qui en empêche l'exportation. Le nombre d'équidés est en baisse, passant de 83 000 à 18 342, en 2013, en cinquante ans. La mécanisation des techniques culturales en est la cause essentielle

### *Les tentatives de réforme structurelles : Un plan organique, il Monte dei Pascoli*

Celui-ci préconise « *de substituer, à l'élevage nomade traditionnel, un élevage stabulatoire pratiqué dans des exploitations aux dimensions économiques suffisantes pour assurer à l'éleveur, un revenu comparable à celui des autres catégories de travailleurs* ».

Il s'agit, en fait, d'opérer une profonde transformation de l'élevage, de le rendre plus rationnel, du point de vue économique, de le dégager des aléas saisonniers, tout en tenant compte de la vocation naturelle de l'île, dans ce domaine.

Après une analyse approfondie, la thèse selon laquelle le nombre de têtes de bétail est excessif par rapport aux ressources nourricières de l'île est récusée. Une carence alimentaire se manifeste, à une certaine époque de l'année, compensée par une surabondance, à d'autres. Il ne faut donc pas procéder à une réduction quantitative du cheptel.

C'est en fait le régime de la propriété qui fait obstacle à l'amélioration quali-quantitative de l'élevage. 40% des pâturages appartiennent aux bergers, le reste est loué. La précarité de ces locations, le morcellement de la propriété, conduisent au semi-nomadisme, très défavorable à une exploitation stable qui favorise l'investissement et l'amélioration des sols.

La Plan préconise des mesures aidant l'accès des bergers aux pâturages en créant un fond de rotation, un « *Monte dei Pascoli* » constitué de terres acquises ou expropriées (350 0000 ha), avec la participation des communes.

Ces terres sont destinées à la production de fourrage à stocker, à la rationalisation des pratiques pastorales nomades ou à la constitution de nouvelles exploitations.

Ces mesures ne sont appliquées que très marginalement car la volonté politique fait défaut.

L'évolution des marchés est favorable aux produits fromagers et à l'amélioration du revenu des bergers. Mais la hausse anormale du prix du foncier défavorise les bergers les plus pauvres.

« *La politique agricole commune nous a condamnés au désert et les Anglais préfèrent la viande coriace d'un mouton néo-zélandais à la chair tendre de nos agneaux sardes* » s'indigne le Movimento Pastori Sardi. C'est, pour certains, la justification que l'institut du « *Monte dei pascoli* » a toujours sa raison d'être.

***Dans les autres secteurs de l'agriculture, des évolutions contrastées***

Le blé dur est ,historiquement, la céréale centrale de la Sardaigne. Il est cultivé sur des terrains non irrigués parfois peu fertiles et subit la concurrence des éleveurs qui veulent s'emparer des terres. Les terres cultivées diminuent drastiquement ces dernières décennies.

La stabilité du prix du blé, la dispersion de la propriété foncière, interdisant la modernisation des exploitations et des techniques rurales, conduit à la régression de cette culture.

Parallèlement, les céréales - avoine, orge, et maïs hybrides - entrant dans l'alimentation du bétail, sont en expansion. C'est la confirmation de la progression de l'élevage moderne et des cultures irriguées, en particulier, du maïs dont l'île est nettement déficitaire.

La viticulture est répandue dans toute l'île. Elle est une culture qui remonte à la nuit des temps ,à l'époque nuragique. Elle couvre , aujourd'hui, 26 000 ha en vigne à vin et 1 429 hectares en raisin de table, à comparer au 80 000 hectares de la fin du 19eme siècle avant l'épidémie de phylloxéra.

Les techniques agronomiques ont beaucoup progressé. Mais la faible dimension des exploitations est une limite importante à la baisse des coûts de production car elle ne permet pas d'utiliser des moyens mécaniques. Seule la mise en place des « *cantines sociales* » serait en mesure d'entraîner sa modernisation, en le mécanisant progressivement.

L'oliveraie, par les surfaces utilisées, est l'activité la plus importante après la vigne. La province de Sassari s'est spécialisée dans cette spéculation avec 42% du total. Le Nuoro arrive en deuxième position.

C'est un secteur en pleine transformation. La mise en place de coopératives, l'amélioration des techniques culturales, la mécanisation des récoltes qui compte pour 70% du coût du produit, l'irrigation, la sélection, la conservation et la commercialisation contribuent à sa revalorisation.

Les cultures fruitières occupent des positions modestes. Les résultats globaux de l'activité fruitière sont limités. Le caractère artisanal des exploitations, la faible mécanisation, rendent cette spéculation peu dynamique. L'esprit coopératif n'y souffle pas comme pour la vigne ou le secteur laitier-fromager.

**Superficie et production des principales cultures 2010**

| | superficie * | production** |
|---|---|---|
| Céréales | 134 019 | 2 222 781 |
| Surfaces en herbes | 126 244 | 17 144 |
| Vignes | 27 372 | 1 450 932 |
| Oliviers | 36 415 | 500 842 |
| Agrumes | 7119 | 749 417 |

*En hectares **en milliers de quintaux

Les agrumes, dans la province de Cagliari occupent 3 340 hectares, fournissent 550 000 quintaux de fruits et comptent pour 78% de la production de l'île.Il y a aussi deux mille deux cent hectares de pêchers qui produisent deux cent mille quintaux. L'horticulture représente 70% des terres cultivées. La Sardaigne occupe le dernier rang, au plan national, pour ces spéculations. La production ne satisfait que le marché local à l'exception de l'artichaut. Une faible diversification, une absence de mécanisation, une commercialisation inadéquate, constituent ses caractéristiques.

### *Problèmes et perspectives de l'agriculture sarde*

L'orographie et la nature géo-pédologique des terrains sont les facteurs fondamentaux limitant l'expansion territoriale d'une agriculture intensive et mécanisée dans l'île.
Les plaines avec deux million quatre cent mille hectares, constituent 18% de la superficie globale, la montagne 14% et les zones collinaires quasi montagneuses, 68%.
La fertilité des terrains est modeste. La construction d'un réseau routier « de pénétration agraire" et le recours à la mécanisation, ont concouru à une importante transformation de l'agriculture.

Le fait le plus marquant est, sans contexte, le rôle des instituts de recherche et les expérimentations financées par l'Etat ou la Région. Malgré quelques expériences décevantes, celles-ci ont, cependant, contribué au saut qualitatif qu'a enregistré l'agriculture sarde, ces trente dernières années.
Les progrès dans la production sont contrebalancés par de larges insuffisances dans les domaines de la conservation, de la transformation et de la commercialisation des produits agricoles.

### *D'une industrie à caractère artisanal pendant la décennie 1950-1960*

Dans les années cinquante, l'industrie contribue, pour 25%, au produit intérieur. De1950 à1980, le processus d'industrialisation provoque une réelle transformation de la structure productive de l'économie. C'est le passage d'une industrie à caractère artisanal, à l'exception des mines, à une industrie à forte intensité capitalistique et « *export- oriented* ».
Après la guerre, seule l'industrie minière a atteint une dimension notable. Le charbon sarde de Sulcis alimente les industries de l'Italie du nord. Le plomb, le zinc, le fer voient leur production augmenter, jusqu'aux années cinquante.
Mais la réouverture des marchés internationaux en 1947, met en difficulté l'industrie charbonnière sarde. L'entrée de l'Italie, en 1952, dans la Communauté européenne du charbon et de l'acier (CECA) et les politiques mises en place par cette institution conduisent à l'abandon des gisements sardes considérés comme peu importants ou à faible compétitivité et plongent l'industrie minière dans la crise. La chute des cours mondiaux, en1956, accentue la crise. A Carbonia, centre minier important, l'emploi s'effondre. De 14 000 emplois, en1947, on passe à 10 000 en 1952 et 5 000, en 1957.
La fragilité du système productif sarde est mise à nu. La transformation, source de valeur ajoutée, est faite hors de l'île. De nombreux efforts de gains de productivité, à travers une mécanisation accrue, sont entrepris.
Les plans Carta, Levi et de Renaissance n'enrayent pas la chute

de l'emploi qui, de vingt cinq mille, à la fin des années quarante, n'en représente plus que dix mille, en 1961. On assiste, dans les années soixante, à la fermeture des mines de fer de S.Leone, de Canaglia, de la Pertusola et de l'Argentiera.
De façon plus générale, pour les années 1950-1960, l'emploi manufacturier, augmente de 4 414 unités, conséquence d'une légère progression des activités de manutention plus que de transformation. Aucun changement structurel n'intervient.
L'urbanisation et une politique active de travaux publics stimulent la branche du bâtiment. L'emploi croit de 73%, en dix ans. A la fin des années cinquante, la valeur ajoutée industrielle se répartissait ainsi :

**Répartition de la valeur ajoutée industrielle**
2011

| | |
|---|---|
| Raffinerie,chimie, pharmacie,cokerie | 15% |
| Alimentaire | 24% |
| Textiles | 7% |
| Bois | 8% |
| Caoutchouc,,plastique, metaux non ferreux | 12% |
| Métallurgie | 14% |
| Electronique, optique, électrique | 10% |
| Autres | 10% |

Le système industriel sarde, à cette époque, vise à la satisfaction du marché intérieur, et est relativement autonome par rapport au marché international. Une lente élévation du revenu par tête induit une faible croissance industrielle. Les techniques demeurent traditionnelles.

### *A une industrie à forte intensité capitalistique dans les années 1960 - 1970 ou le temps de l'industrialisation*

C'est à proprement parler, le temps de l'industrialisation, sous l'impulsion de la puissance publique.
On assiste à une profonde mutation de la structure productive

de l'île. Cette politique industrielle nouvelle se caractérise par des investissements très capitalistiques, particulièrement dans la pétrochimie, une grande concentration territoriale par pôle et une aide financière publique massive et à taux bonifié.
De 1963 à 1970, la production industrielle s'élève de 135%. Dans le secteur manufacturier, elle croit de 192%. Mais en raison de la progression du tertiaire et d'un rapport très élevé capital investi / produit généré, la part de l'industrie, dans le revenu intérieur, ne s'élève que de 26% à 30%. Les investissements industriels croissent de 184%.
Leur effet sur l'élévation du revenu est faible. Des modifications structurelles interviennent. La taille des entreprises augmente, les moyennes remplaçant les petites.
Le secteur industriel devient dual. D'un côté, on voit émerger une industrie moderne, intégrée, de l'autre, subsistent des activités traditionnelles, à faible intensité capitalistique, aux structures atomisées, orientées vers le marche local.

***Une monoculture industrielle***

L'industrialisation a détruit l'équilibre ancien fondé sur une protection de fait de l'économie insulaire, et n'a pas induit une nouvelle dynamique de développement endogène conduite par les forces vives de l'île. Les Sardes parlent « *d'industrialisation sans développement* » et de « *monoculture industrielle* ».
Cette industrialisation, par pôles, n'entraîne pas de croissance marquée de l'économie insulaire et exclut même certaines zones géographiques importantes. La rémunération du capital l'emporte sur celle du travail. 75% des investissements sont réalisés dans l'industrie pétrochimique.
Le déséquilibre des comptes extérieurs de l'île s'accentue sous l'effet d'une élévation du revenu interne et d'un commencement d'intégration de l'économie insulaire. La production industrielle a cru mais celle-ci est concentrée territorialement et peu créatrice d'emplois.

## *Une crise majeure et persistante*

Malgré quelques tentatives de rééquilibrage sectoriel et géographique, l'industrie sarde entre dans une crise majeure. Cette crise dure depuis trente ans.

Des tentatives de restructuration de la pétrochimie pour favoriser les activités à haute valeur ajoutée et l'emploi sont intervenues comme, aussi, la relance du secteur minier, avec la constitution d'un pôle métallurgique à Porto Vesme, pour le plomb et le zinc. La production de fibres est en difficulté. Malgré le haut niveau technologique de cette branche, elle fait face à une insuffisance de débouchés. La production d'aluminium se heurte à de coûts de transformation trop élevés. Les mines, en dépit de la hausse des prix des matières premières, n'arrivent pas à se moderniser. Dans le Sulcis, une nouvelle crise se profile, dans la métallurgie, mettant en péril six mille emplois.

Dans l'industrie pétrochimique, les problèmes sont financiers : un endettement excessif et une valeur ajoutée insuffisante contribuent à son mauvais fonctionnement. La pétrochimie sarde reste, cependant, la plus moderne et la plus grande d'Italie. Son intérêt stratégique dépasse les seules considérations régionales. Un grand pays industriel peut-il se priver d'une industrie lourde ?

Au mois de juillet 2009, les dirigeants de L'Eni ont décidé de stopper la production de l'usine de Porto Torres, pour deux mois, à la veille de la réunion du G8 à l'Aquila. C'est le sort de toute l'industrie de la pétrochimie qui est en jeu. « *L'intérêt du marché ne peut prévaloir sur celui du territoire* » a déclaré le Président de la Région. Malheureusement si.

Des élus sardes soulignent que la crise ne peut être résolue que dans le cadre d'une « *Sardaigne souveraine* », tandis que d'autres stigmatisent la puissance de L'ENI qui, pour certains, est le premier parti de Sardaigne. Faut-il changer le contenant ou le contenu ? Ou les deux ?

## *Tutto il mondo è paese*

En fait, l'industrialisation de la Sardaigne, ces vingt dernières années, est le résultat de stratégies nationales italiennes, dans des branches où le marché mondial est déterminant. La Sardaigne en

constitue le support territorial, fournit parfois les matières premières et toujours les mains d'œuvre de base. Elle est la nouvelle frontière de l'industrie italienne. Celle-ci a profité des avantages comparatifs d'une région en retard de développement et des faiblesses d'une autonomie institutionnelle ambiguë dans sa pratique, permettant au gouvernement central d'imposer ses choix stratégiques. Cette politique trouve ses limites dans le monde globalisé d'aujourd'hui. Par rapport à d'autres régions du monde, le « *Mezzogiorno* » sarde n'est pas concurrentiel, ne serait-ce qu'en raison du niveau relativement élevé des salaires pratiqués.
« *Tutto il mondo è paese* » disait déjà, au début de ce siècle, Grazia Deledda, prix Nobel de littérature (1926) et originaire du Nuoro.

### *Porto-Torres et Ottana : un « désastre anthropologique » ?*

Ces deux exemples illustrent l'industrialisation sauvage du pays qui conditionne l'ensemble des choix de développement de la Sardaigne.

### *Porto-Torre : L'historique*

C'est en 1959 qu'est constituée la « *Sarde Industrie Resine* » (SIR) à Sassari, avec pour objectif de réaliser un complexe pétrochimique, à Porto Torres.
La société mère est milanaise. Le choix de Porto Torres tient à des considérations stratégiques : la route du pétrole n'est pas loin, les eaux sont profondes, le prix des terrains est faible, un aéroport est à proximité. A cela s'ajoute une politique financière de prêts à taux réduits, prévue par les lois de 1959, sur l'industrialisation du Mezzogiorno.
C'est ainsi que nait le projet de construire un ensemble pétrochimique destiné à devenir l'un des plus grands d'Europe. Le complexe de Porto Torres, en 1971, tient un rôle de premier plan dans l'expansion vertigineuse du groupe « *Rovelli* » .
En fait la grande industrie se voit confier la maîtrise de l'économie sarde et reçoit la majeure partie des fonds alloués à l'île. 65%

des prêts du Crédit industriel sarde et 29% des subventions de la Région vont à la SIR.

On mesure le poids du lobby pétrochimique dans l'économie insulaire qui a balayé les objectifs initiaux du Crédit industriel sarde - celui-ci avait pour objet de financer les petites et moyennes entreprises - et réduit à peu de chose les lignes directrices du « *Plan de Renaissance* », abandonnées par la Région. Il contrôle aussi les deux plus grands quotidiens de l'île. La Sardaigne devient le terrain de jeu principal de la « *guerre chimique* » que se livrent les groupes italiens : Eni - Anic, Montedison.

Les effets sur l'économie sarde sont multiples, et, au bout du compte, négatifs. Le tissu social se détériore, les campagnes se vident et l'urbanisation sauvage s'accélère. Plus de la moitié des habitants de la province de Sassari habitent à Porto Torres, Alghero et Sassari.

Un début de classe ouvrière est en voie de formation, tandis que plusieurs milliers de ruraux, candidats au travail, viennent s'agglutiner dans les zones urbaines. Le tertiaire croît. Les revenus augmentent mais le développement est fortement déséquilibré et ne s'intègre pas au tissu économique insulaire.

La première crise pétrolière de 1976 met un terme à l'expansion de cette industrie. L'incidence du coût des matières premières sur le coût total de production passe de 28% à 60%.

Au plan européen, une situation de surproduction s'installe qui pèse sur les prix et modifie le rapport coût/bénéfice. Les transformations qui interviennent dans la division internationale du travail, remettent en cause le rôle de la Sir. Une crise majeure s'installe, principalement financière, qui a des incidences sur les organismes de crédit italiens. Sur le plan social, c'est la mise à pied d'environ 6 000 travailleurs. L'Etat italien, à partir des années quatre vingt, devient le partenaire obligé d'une opération de sauvetage qui, aujourd'hui, n'est pas encore achevée.

### *Ottana, une tentative controversée*

Ottana est l'essai d'implantation, dans la Sardaigne centrale, d'un complexe industriel, en fonction d'objectifs qui tiennent

moins au développement qu'à un souci de « *maintenir l'ordre public et de lutter contre le banditisme* », dans une région, la Barbagia, où la misère et l'émigration forcée sont le lot de ses habitants depuis des siècles.
C'est la mise en place d'une industrialisation forcée, d'initiative publique et de conception exclusivement continentale.
Le document du Comité des ministres pour le « *Mezzogiorno* » , en 1969, spécifie : « *Afin de donner une meilleure efficacité à l'action de rupture entreprise dans la Sardaigne intérieure, la mise en place d'un pôle industrie serait de nature à prévenir les causes du phénomène criminel* » .
La prévention du phénomène prend le pas sur la répression. D'un point de vue technique ce projet présente de sérieux inconvénients. L'éloignement de cette région, l'absence de formation de la main d'œuvre, l'inexistence d'un tissu industriel en constituent des faiblesses majeures.
La volonté des pouvoirs publics est de rééquilibrer, quel qu'en soit le prix le développement de l'île. Cette industrialisation forcée a été, cependant, plus budgétivore que génératrice de croissance.
Le Conseil des Ministres approuve, en 1970, le « *Consortium d'industrialisation* » de la moyenne vallée du Tirso, composée de onze communes. On espère la création de six mille emplois.
En 1971,le noyau industriel d'Ottana est transformé en zone de développement industriel avec des investissements considérables prévus générant onze mille créations d'emplois. Les plans suivants vont jusqu'à prévoir quarante et un mille créations d'emplois en 1986.
Avant même que l'usine d'Ottana ne fonctionne, un embryon de classe ouvrière se constitue, en raison d'une politique de recrutement de type clientéliste.Les occupations commencent. Le projet d'industrialisation est dénoncé comme visant à la destruction de l'économie pastorale. La population de Barbagia se solidarise avec les ouvriers. L'opposition à la politique mise en œuvre par l'ENI grandit et atteint son paroxysme dans les années 1973-1975. La direction est expulsée, l'industrialisation est contestée. Un mouvement général de rébellion naît dans la région fondé sur le refus de la domination du pouvoir continental.

Au plan politique, la démocratie chrétienne subit une défaite en 1975. Cent quatre vingt travailleurs sont élus dans les communes des environs d'Ottana. La crise pétrolière vient aggraver la situation. Le chômage s'installe. Des milliers d'émigrés sardes rentrent en Sardaigne.
Le banditisme, et une de ses formes typiquement sardes, les séquestrations, demeure important. L'Etat reprend ses opérations de police. Celles-ci ont un caractère quasi-militaire.
L'expérience d'Ottana, devenue affaire nationale, consacre l'irréalisme de la mise en place d'un modèle importé, conçu de l'extérieur, et ne prenant pas suffisamment en compte la spécificité de la Sardaigne et de son peuple.

### *Un artisanat dynamique*

La structure de l'artisanat sarde présente les caractéristiques suivantes : Il y a quelques années, une enquête lancée par l'Institut Sarde de l'Organisation du Travail Artisanal (ISOLA) indiquait que trente et un mille entreprises artisanales employaient environ soixante mille personnes, soit 13 % de la main d'œuvre de la région.
Ce sont en général, des entreprises individuelles avec un rapport capital/travail très faible. Le crédit y est peu utilisé. Les débouchés sont principalement locaux. Les formes coopératives, que cela soit pour l'achat de matières premières ou pour la commercialisation sont rares.
La région a mené une politique active pour l'artisanat, afin d'améliorer la production et l'emploi, en multipliant les aides frisant parfois l'assistance. Un meilleur accès au crédit a été encouragé et les taux de ces crédits ont été bonifiés. L'artisanat d'art a été encouragé avec un certain succès.
L'évolution de l'artisanat est un bon indicateur de la transformation de l'économie sarde. L'artisanat est lié traditionnellement au monde agricole. Les biens produits sont des biens d'usage et la suite naturelle de la production agricole. Mais les politiques mises en œuvre, dans les années soixante, ont rompu le fragile équilibre existant.

Une industrialisation par pôle, une politique touristique de caractère « *enclavé* » , la pénétration des importations, conséquence de l'intégration de l'économie insulaire, le brusque changement culturel, induisant une variation de la demande à laquelle les entreprises locales n'ont pu s'adapter, l'élévation du revenu mais sa distribution géographiquement déséquilibrée, ont mis en difficulté le secteur artisanal.
Au cycle productif classique qui va de la matière première au produit fini, se sont substituées des activités de réparation et de services. Leur expansion, ces dernières années, est, pour partie, la conséquence de la crise sévissant dans d'autres secteurs.
L'artisanat devient une « *activité refuge* » pour une main d'œuvre ne trouvant plus d'emploi ailleurs.

### *Le tourisme, un décollage problématique*

La naissance du tourisme en Sardaigne date de l'après guerre et est postérieure à l'éradication de la malaria. Déjà, entre 1949 et 1956, la fréquentation touristique quadruple et la présence des touristes étrangers est multipliée par dix. Le phénomène touristique est beaucoup plus ancien qu'on ne l'imagine ; l'étude de son impact est par contre très récente.
En fait, le véritable décollage touristique date des années soixante. En 1956, on compte 3 570 lits d'hôtel et 352 000 arrivées dont 27 057 étrangers.
C'est aussi, à cette époque, que la Puissance publique commence à réfléchir sur le problème touristique. La Commission économique d'étude du « *Plan de Renaissance de la Sardaigne* » rend ses conclusions. Des propositions sont avancées visant à mettre en place un « *plan de valorisation touristique* » dans l'île. Dans le même temps, la Région qui bénéficie en matière de tourisme, d'une compétence normative primaire et exclusive, met en place « *l'Ente Sardo Industrie Turistiche* » (Esit).
Dans le plan Quinquennal (1965-1969), le tourisme se voit confier un rôle de secteur porteur de l'économie conjointement à l'industrie et l'agriculture.

### *Un développement mal maîtrisé*

La progression du nombre de lits est un indicateur de la dynamique touristique :

**Historique de l'augmentation des lits en Sardaigne 1960-2012**
Secteur marchand

| Années | Lits |
|---|---|
| 1960 | 5000 |
| 1972 | 22 050 |
| 1985 | 41 000 |
| 2005 | 170 847 |
| 2012 | 204 571 |

On constate un décuplement de l'offre de lits, depuis 1972. Le secteur non marchand, avec la location d'habitations par des particuliers, est très important. On estime cette offre à 600 0000 lits, soit trois fois supérieure à l'offre dite marchande. Plusieurs centaines de milliers d'habitations ne sont donc pas occupées, ce qui accroît considérablement la capacité d'accueil mais indique l'étendue du mitage, l'ampleur de la bétonisation du littoral et de la spéculation qui l'accompagne. Le lobby du ciment pèse lourdement sur l'île. 95 % hôtels et 85 % des résidences secondaires se situent sur le littoral.

Les provinces de Sassari et de Olbia-Tempio représentent plus de la moitié des lits, suivies de Cagliari et du Nuoro (30%).

En 2005, le nombre de touristes italiens qui inclue les sardes retournant au pays et qui sont fort nombreux (un tiers ?), s'élevait à 1 300 000.Le nombre d'étrangers s'élevait à près de 600 000 soit en tout près de 2 000 000 de touristes.

Les Italiens du nord sont majoritaires dans le choix de la Sardaigne. Les Romains et les Siciliens suivent. Ils viennent surtout par la mer et transitent, de plus en plus, par la Corse. Ils choisissent le

littoral de façon massive. Le tourisme est concentré sur les mois estivaux. Le tourisme hivernal est presque inexistant. La demande de tourisme vert est très faible. L'arrivée des transports « *low cost* » sera- t- elle à même de transformer ces données qui semblent structurelles ?
On note une présence importante des hôtels quatre et cinq étoiles qui, en 2006, offrent 43 606 lits, des campings et villages de vacances, avec 66 765 lits mais aussi des résidences secondaires fort nombreuses. Les Sardes parlent de « *l'archipel des résidences secondaires* » .
Ce phénomène va s'amplifiant, en Sardaigne comme en Corse. Ces résidences secondaires, vides, l'hiver, accentuent l'impression de désertification. On est passé d'un temps où il y avait peu de maisons, mais celles-ci étaient généralement habitées, à celui, où la multiplication d'habitations vides donne un sentiment d'abandon. Quant aux villages de vacances, ils contribuent souvent à la dénaturation des côtes : la Costa Verde, au sud d'Oristano, en est un bel exemple, avec le village « *Pierre et Vacances* » verrue au milieu d'un site vierge. Les entrepreneurs, architectes et promoteurs sont évidemment d'un avis différent. C'est, malheureusement, le lot de toutes les régions touristiques. Seule la puissance publique peut réaliser l'arbitrage entre ces intérêts divergents. La dernière tentative a été celle du président Soru.
Les effets multiplicateurs de la dépense touristique sur l'économie, sont difficiles à évaluer précisément mais sont généralement considérés comme limités. La valeur ajoutée du secteur s'élève, en 2005, à 1 milliard deux cent millions d'euros. Elle est relativement stable depuis l'an 2000.
La place du tourisme et de sa traduction territoriale a provoqué une crise politique majeure en Sardaigne. Le plan Soru (piano paesaggistico regionale) qui visait à protéger les côtes sardes, à rééquilibrer le développement, en taxant les résidences secondaires et en privilégiant l'intérieur du pays, s'est heurté au lobby du ciment. L'identité de l'île et de son être profond est en jeu.

## *Les faiblesses du Statut spécial sarde et les illusions de l'autonomie*

L'administration régionale, malgré ses compétences directes, n'a pas maîtrisé le croissance touristique qui s'est effectué de façon « *sauvage* » , en fonction d'intérêts n'ayant rien à voir avec la recherche d'un développement équilibré et autocentré de l'île : affaire de volonté politique ou caractère illusoire des pouvoirs que confère l'autonomie même lorsque la région a une compétence législative exclusive, comme pour le tourisme ?
L'autonomie ne peut être réelle qu'en mouvement, comme le cycliste sur son vélo. Autrement, elle entre dans une spirale régressive où l'Etat central récupère lentement ses prérogatives.

## *Perspectives de l'économie sarde*

Longtemps regardée comme une région pauvre et autosuffisante, la Sardaigne est aujourd'hui devenue globalement plus riche mais considérablement plus dépendante de l'extérieur.
Le secteur moderne de l'économie est largement intégré tandis que le secteur traditionnel reste marginalisé.
Les habitudes de consommation ont rejoint et même dépassé celles du continent, particulièrement dans les domaines de l'habillement, de la santé, de la culture et des loisirs et ont conduit à une augmentation importante des importations contribuant à déséquilibrer la balance commerciale.
Le produit intérieur par habitant s'est accru. Il est, en 2013, de 18 778 euros, devant celui du Mezzogiorno. Il est fortement tributaire du poids considérable des fonctionnaires.
Chômage, émigration et désertification de l'intérieur constituent toujours les données de base de la situation économique insulaire.
Le chômage est important particulièrement celui des jeunes et des femmes. La proportion de main d'œuvre non qualifiée, parmi les demandeurs d'emploi, est forte. Le déclin industriel et l'expansion du tertiaire en sont les causes principales.
L'urbanisation du littoral et la désertification des campagnes contribuent aux déséquilibres territoriaux de l'île.
La plus grande intégration de l'économie sarde à l'économie

continentale affaiblit sa capacité productive mais, les revenus et les niveaux de consommation s'améliorent, du fait de transferts financiers importants.
Cette perte d'autonomie économique s'est réalisée dans ce que les Sardes appellent « *il trentennio autonomistico* » période qui débute en 1949, année de la mise en place du Statut Spécial d'autonomie.
Ce statut qui a conféré un certain nombre de pouvoirs à la Région, par l'ambiguïté de la répartition des compétences entre le niveau central et le niveau local, a conduit à la création d'un pouvoir régional que l'on a qualifié de « *mou* » .
Historiquement l'Etat central, s'est gardé une marge d'action et de contrôle considérable en mettant en œuvre une politique de type keynésien fondée sur la dépense publique.
Celle-ci a pris la forme d'un « *Plan de Renaissance* » . Un processus de programmation a été mis en place dans les années soixante dix et a réduit, à la portion congrue, l'expérience autonomiste.
Le pouvoir de Rome s'est accru ces trois dernières décennies. Les forces centralisatrices l'ont emporté sur l'essai, novateur pour l'époque, d'une décentralisation introduite en 1949.
L'achèvement du marché intérieur européen, et le choc du marché unique ont induit une accentuation des tendances constatées ci-dessus.
Il en est découlé inévitablement, un accroissement de la dualité entre les secteurs moderne et traditionnel, une plus grande spécialisation vers le tourisme et les services peu favorables à un développement réel de l'île.
Au plan économique, le marché unique a eu peu d'incidence sur les produits dans la mesure où cet aspect de l'intégration européenne est quasiment achevé.
Pour le reste, une certaine protection de la distance due au coût des transports, protège, encore un peu, les industries locales ayant des marchés segmentés, à condition qu'il n'y ait pas une continuité territoriale pour les marchandises, comme en Corse, privilégiant démesurément les importations au détriment des exportations.
Par contre, le marché unique a eu une incidence forte au niveau

des facteurs. Le processus de transferts factoriels devrait s'accélérer si des politiques favorisant les productions insulaires ne sont pas mise en place.
Le caractère défavorable du libre jeu du marché pour les zones périphériques, qu'essaient de contrebalancer des politiques régionales européennes correctives, accentue les problèmes de l'île.
La spécialisation touristique accroît la fragilité de l'économie et crée de nouveaux déséquilibres économiques, humains et spatiaux.
L'industrie sarde, impulsée par des aides publiques, se heurtera, un jour ou l'autre, à la lettre et à l'esprit des traités de l'union européenne (Paris, Rome, Maastricht, Amsterdam, Nice Lisbonne) à moins que des dérogations spéciales, se fondant sur la reconnaissance des handicaps des régions insulaires, ne soient accordées à l'île.
Le traité d'Amsterdam a fait mention, pour la première fois, du handicap des îles. Mais les traités suivants n'ont pas donné corps à des politiques qui puissent lutter contre ces handicaps.
Le chemin sera probablement encore long, entre ce qui reste, aujourd'hui, une clause de style et la mise en œuvre de politiques spécifiques adaptées aux îles.
Car, c'est toute la philosophie du libéralisme économique qui est en jeu. Or, celui-ci constitue les tables de la loi de la construction européenne.
Le sommet des vingt de Londres de 2008, s'est fixé pour objectif une meilleure régulation de l'économie. L'avenir dira si ce n'est qu'un vœu pieux ou l'amorce de nouvelles politiques économiques d'esprit keynésien, hier pourtant honnies !!!

# Chapitre 5
# Le devenir des relations économiques corso-sardes

### *Une modification partielle des règles du jeu ?*

Si l'on s'en tient à un scénario tendanciel, reproduisant les évolutions passées, les échanges corso-sardes ne peuvent que stagner. Les déterminismes nationaux, la force des habitudes, les préjugés, en un mot, le poids de l'histoire ne permettront pas une significative réorientation des échanges.

### *L'autre scénario nécessite un changement de logique*

Tant qu'il sera plus intéressant d'importer que de produire sur place ce qui peut raisonnablement l'être, l'avenir des économies insulaires mais aussi parfois européennes est en passe de devenir alarmant car il est synonyme de désertification, de chômage, de tensions multiples. On touche, là, à l'aménagement et au développement du territoire, et plus encore à la place de l'homme dans son espace ou sur sa terre. L'économie marchande ne s'intéresse pas à cette question, pourtant fondamentale.
« *Faut-il laisser le marché décider, seul, du visage de la France et de son organisation géographique, humaine et sociale ?* » « *Certainement pas* » , répond le ministre de l'aménagement du territoire, Charles Pasqua, devant l'assemblée nationale, en juillet 1994, lors de l'examen du projet de loi sur le « *l'aménagement et le développement du territoire* » . Vingt ans après, les problèmes demeurent
Axées uniquement sur le marché mondial, préoccupées exclusivement de rentabilité financière directe et à court terme, ces politiques s'accommodent très bien de délocalisations et de leur cortège de

drames humains et sociaux. Mais, souvent, l'appauvrissement collectif est au bout du chemin, même si quelques entreprises performantes s'en sortent.
Seule une modification des règles du jeu, ne se fondant plus sur un libre échange totalitaire, peut permettre de se frayer un chemin vers un avenir moins sombre. Les grands pays, même lorsqu'ils tiennent un discours libre échangiste, dans les enceintes internationales, en donnant des leçons à la terre entière, comme les Etats Unis, protègent leur marché, si un de leur intérêt important est en jeu. Le Japon protège ses riziculteurs, alors qu'il pourrait s'approvisionner, à meilleur prix, sur le marché international. Pourquoi les petits pays ne pourraient-ils procéder de façon identique alors que c'est encore plus vital pour eux ?

### *Une préférence insulaire*

La définition et la mise en place d'une préférence insulaire englobant les deux îles, à l'instar de la préférence communautaire, peut seule relancer l'économie et la production locale, promouvoir l'intensification des échanges entre les deux îles et renforcer l'aire économique corso-sarde. Le Benelux et la CEE, aujourd'hui appelée Union Européenne, ont été compatibles pendant longtemps. Cette préférence insulaire serait l'instrument d'une réorientation partielle des échanges qui permettrait à chacune des îles de s'approvisionner sur l'île voisine lorsqu'elles y auraient un avantage comparatif. Cela implique une modification des circuits de distribution et une diminution des avantages dont bénéficient les produits continentaux profitant d'une politique de continuité territoriale souvent à sens unique. Cela constituerait l'amorce d'une zone économique sardo-corse de près de deux millions d'habitants.

Pour la Corse, cela pourrait être un champ d'action nouveau qui la sortirait de la monoculture du tourisme compte tenu des faiblesses et fragilités de ce secteur inhérentes à la brièveté de la saison et de l'étroitesse du marché corse.

Il faudrait que les entreprises corses soient à même de s'implanter sur le marché sarde et qu'il y ait une volonté politique suffisamment

forte pour donner une crédibilité à une telle orientation.
Cela demande aussi que des complémentarités s'établissent entre les deux îles. A la Sardaigne, les activités lourdes, principalement industrielles, à la Corse, les secteurs plus légers.
La compatibilité d'une telle approche avec les traités communautaires est possible dans le cadre d'une politique européenne dérogatoire et spécifique aux îles, à négocier avec Bruxelles.
La Grande Bretagne et le Danemark ont bénéficié de dérogations majeures qui remettent en cause, pour ce dernier, le principe de la libre circulation des capitaux, puisqu'un « *non résident* » ne peut acheter de résidence secondaire, dans une région que le Danemark veut préserver d'une invasion touristique prévisible des habitants d'un grand pays voisin attiré par la beauté de ses sites et le caractère sauvage de ses côtes.
Cela revient, dans ce cas, à contrôler les investissements communautaires dans un pays membre de l'Union européenne ce qui est totalement contraire à l'esprit et à la lettre des traités européens. Cette clause dérogatoire, pour le Danemark, figure dans un protocole annexé au Traité de Maastricht qui s'énonce ainsi: « *Nonobstant les dispositions du traité, le Danemark peut maintenir sa législation en vigueur en matière d'acquisition de résidence secondaire* » . Cette législation interdit, en fait, à un non danois d'acquérir une résidence dans cette partie du pays.

### ***Un marché corso-sarde***

L'édification d'un marché sardo-corse, que permettrait la mise en place d'une préférence insulaire, débouchant sur des politiques d'import-substitution, serait de nature à générer une croissance par la consommation interne comme d'ailleurs le fait le tourisme qui est un « *plus* » de consommation alors qu'une croissance fondée sur l'exportation est plus aléatoire en raison de l'instabilité grandissante des marchés.
Sortir du piège des monocultures qu'elles soient industrielles, pétrochimiques, pour la Sardaigne agrumicole, kiwicole ou touristique pour la Corse est le but de la constitution d'une aire sardo-corse.

Ces économies s'appuient sur un modèle de développement exogène privilégiant démesurément l'exportation et les infrastructures de transport lourdes aux charges récurrentes élevées et souvent surdimensionnées, rapportées à la population résidente permanente. Comme le rappelait l'ancien ministre René Lenoir, dans un article récent du Monde diplomatique, « *un kilomètre d'autoroute équivaut à deux mille ans du salaire d'un instituteur* ».
L'idée de créer des zones économiques homogènes est partagée par un nombre croissant d'économistes. Il ne peut y avoir échange équitable qu'entre des régions aux niveaux de vie et de protection sociale comparables.

### *Une promotion croisée des exportations*

Cela n'est d'ailleurs pas contradictoire avec la mise en place de politiques plus classiques de promotion des exportations.
On peut penser à un partenariat sardo-corse pour s'implanter sur des marchés extérieurs aux deux îles à commencer par le marché français pour les produits sardes et le marché italien pour les produits corses, et aussi sur bien d'autres marchés en utilisant les acquis de l'un ou l'autre sur tel ou tel marché : Afrique, pour la Corse, Usa, Canada, pour la Sardaigne.
Cela serait la remise à l'honneur d'un commerce triangulaire qui existait, par exemple, entre Bunifaziu, la Sardaigne et Gênes, encore au début du 20 ème siècle, pour le fromage et qui pourrait être renouvelé sur des bases territoriales plus larges et pour des produits plus variés.
L'extension de la politique Interreg à la Toscane donne l'occasion de relance de ce commerce triangulaire et de créer un axe Toscane-Corse-Sardaigne. Encore faudrait-il définir les politiques à mener et ne pas se contenter d'un axe routier comme c'est le cas aujourd'hui ?
Cette approche de partenariat vers les marchés extérieurs conviendra probablement mieux à la partie sarde, pour qui le marché corse, de part sa taille, n'est pas assez significatif. Les stratégies commerciales des deux îles ne peuvent être totalement semblables, même si elles peuvent partiellement se recouper. Ce « *policy mix* » peut répondre au difficile problème de l'intensification des liens entre les deux îles.

### *Des instruments d'observation et d'action*

C'est sans doute un des premiers acquis du programme d'initiative communautaire Interreg que d'avoir contribué à faire prendre conscience des efforts à fournir, de part et d'autre.
Un observatoire économique corso-sarde permanent pourrait être chargé de l'établissement et du suivi d'un certain nombre d'indicateurs socio-économiques de façon à évaluer, régulièrement, la situation économique des deux îles et identifier les actions à mener, dans une perspective d'intensification des échanges.
Pourquoi ne pas envisager, enfin, la constitution de groupements européens d'intérêt économique sardo-corses (GEIE) dont l'objet serait de faciliter la coopération interentreprises et qui bénéficieraient, ainsi, d'une certaine indépendance vis à vis des droits nationaux des Etats membres ?
La constitution de groupements européens d'intérêt économique, dans des domaines communs, la promotion des exportations, en partenariat,seraient encadrés par un office corso-sarde de coopération économique.

### *Des investissements en commun*

Sur un plan plus pratique, des opportunités apparaissent dans les domaines de la pierre, du liège, de l'eau, du gaz et de l'électricité. La mise en place de « *joint ventures* » dans les branches de la pierre et du liège pourrait relancer ces activités, en Corse. Celles-ci se heurtent au double problème du financement et d'un « *know how* » adéquat. Le savoir faire sarde est reconnu pour le liège et la pierre. Il y a, là, des pistes de partenariat possibles. Les Corses pourraient, eux, apporter leur expertise pour l'aquaculture. La Sardaigne est un gros consommateur de poisson.

### *Des opérations de troc : Eau contre électricité*

Si l'on fait un peu de géo économie, comme d'autres font de la géopolitique, on peut réfléchir à un champ d'action, à moyen

terme, visant à élargir les échanges corso-sardes : l'eau constitue une des richesses de la Corse qui est un véritable château d'eau en Méditerranée, à condition qu'elle soit stockée convenablement et répartie équitablement. La Sardaigne, elle, en manque cruellement.
A l'inverse, la Sardaigne projette de produire du gaz, par gazéification de son charbon, et de le transformer en électricité pour sortir de la crise qui sévit dans son industrie minière.
On est, là, face à des projets qui pourraient structurer durablement les échanges corso-sardes mais demandent une volonté politique forte et des investissements importants que, seule, l'Europe pourrait catalyser.
La construction européenne s'est façonnée historiquement autour du charbon et de l'acier, par la signature du traité de Paris, en 1952, et la création du marché commun du charbon et de l'acier (CECA).

# Conclusions

### *Lever les obstacles psychologiques aux échanges qui résultent de pesanteurs historiques*

L'intensification des échanges économiques ne peut progresser si les personnes, les informations et les idées ne circulent plus massivement.
L'enfermement n'est plus, comme au début du siècle, lié uniquement à l'insularité. Chaque île est enfermée dans son ensemble national. On peut parler d'enfermement français, pour la Corse, et, italien, pour la Sardaigne
Cela nécessite probablement, dans les deux îles, une transformation des mentalités lourdement façonnées par le centralisme administratif de leurs Etats de rattachement. Celui-ci a eu d'énormes incidences. Le mur que certains voient entre les deux îles relève autant de facteurs psychologiques et politiques que d'un goulot d'étranglement dans les transports.

### *S'incliner ou reprendre son destin en main*

La diminution prévisible des aides européennes aux régions du sud, en retard de développement, que provoque l'élargissement de l'Union européenne aux pays de l'Europe centrale, au niveau de vie beaucoup plus faible, constitue un nouveau défi.
La Corse est déjà confrontée à cette diminution. Sa sortie de l'objectif n° 1, cadre dans lequel les concours européens sont les plus importants, est actée, depuis que son revenu par tête a dépassé les 80% de la moyenne communautaire.
Et pourtant les Corses, ces dernières années, se sont probablement appauvris, malgré les transferts, dit-on, massifs que la France, généreuse, soucieuse de son rayonnement et, peut-être, responsable du retard historique de la Corse, leur octroie. Le nombre de personnes en difficulté, de faillites d'entreprises, de jeunes sans tra-

vail, augmente de façon inquiétante. Toutes les analyses convergent dans ce diagnostic.
Mais les statisticiens nationaux ou européens, en l'occurrence, ont décrété que, telle n'était pas leur appréhension de la réalité économique de la Corse et leur vision des choses.
Un savant habillage statistique mâtiné d'un certain flou artistique peut, certes, rendre des pauvres, riches, au moins sur le papier. « *Si tu vesti un bastonu, pari un barone* » dit un vieux dicton populaire corse.
Il est vrai que, pour le visiteur, dans l'extrême sud, au bord de la grande Bleue ou de piscines avenantes, tout semble riant dans les enclaves touristiques.
Aussi ne reste-t-il plus, aux Sardes et aux Corses, soumis à la pression et à l'autorité de ce Nord dominateur, manipulateur et comptable, que de s'incliner devant un destin défavorable qu'Arrighu Bel Messere, en l'an mille, avait déjà pressenti - « *Corsica non avrai mai bene* » - ou de reprendre, s'ils en ont la volonté, leur destin en main, avec les pauvres moyens du bord.
C'est, à l'évidence, une très lourde tâche, que de concevoir un avenir économique viable, avec des marges suffisantes d'indépendance, qui permettraient aux Sardes et aux Corses de sauvegarder leur mode de vie, leur langue et leur culture. Mais il n'est pas interdit de rêver.

# Références bibliographiques

## Corse

### Ouvrages généraux

A Riscossa – *Le procès d'un peuple* - Bastia, 1980

Acquaviva Sabino.- *Corsica, storia di un genocido* - Milan, F.Angeli,1982

Delors Jean Paul, Muracciole Stephane.- *Corse, la poudrière* - Paris, A Moreau, 1978

Dottelonde Pierre - *Corse, la métamorphose* - Ajacciu, Albiana,1987

Dressler-Holohan Wanda : *Le Statut particulier à l'épreuve de la réalité insulaire* - Les Temps modernes.- Février 1985 *Corse, destin d'une île*, Ajaccio, 2007

F.R.C - *Main basse sur une île* - Paris, Jérôme Martineau, 1971

Gil José - *La Corse entre la liberté et la terreur* - Paris, La différence 1991

Yvia-Croce Hyacinthe - *Vingt années de corsisme* , 1920

Marchetti Pascal - *Une mémoire pour la Corse* - Paris, Flammarion,1980

Martinetti Joseph - *Insularité et marginalité en Méditerranée occidentale : l'exemple corse* - Corti, Le Signet 1989

Meistersheim Anne.- *Territoire et insularité : Le cas de la Corse* - Paris, 1991

Ravis-Giordani Georges.- *L'île miroir* - Ajacciu, La Marge, 1989

Renucci Janine.- *La Corse* - Paris P.U.F, 1993

### Documentaire

*Autonomia ?* - Coproduction : Stella - Via Stella
Auteur / Réalisateur : Ferrandi - Tiberi

## Sardaigne
### Ouvrages généraux


Braudel Fernand - *La Méditerranée et le monde méditerranéen* - Armand Colin,1966

Brigaglia Manlio - *La Sardegna* - Edizione Della Torre,Cagliari, 1982

Cassano Franco - *Il pensiero meridiano* - Sagittari Laterza, Roma-Bari, 1996

Cossu Angelo - *Sardegna e Corsica* - Torino - UTET-1932

Deledda Grazia : *Elias Portolu* - Mondadori, Milano, 1941
*Les tentations* - Ombres, Toulouse, 1989

Dessi Giuseppe - *Pays d'ombres* - Actes Sud, 1991

Fois Marcello : *In Sardegna, non c'è il mare*- Laterza, 2008
*Nel tempo di mezzo* – Einaudi - Torino, 2012

Gramsci Antonio - *Quaderni del carcere* - Torino, 1975

Le Lannou Maurice - *Pâtres et paysans de la Sardaigne* - Tours, thèse, 1941

Salvi Sergio - *L'Italia non esiste* - Camunia, Firenze, 1996

Satta Salvatore - *Le jour du jugement* - Gallimard, 1981

Solinas Gigi - *Sardegna e Corsica da sempre isole sorelle* Chiarelli-Sassari,1986

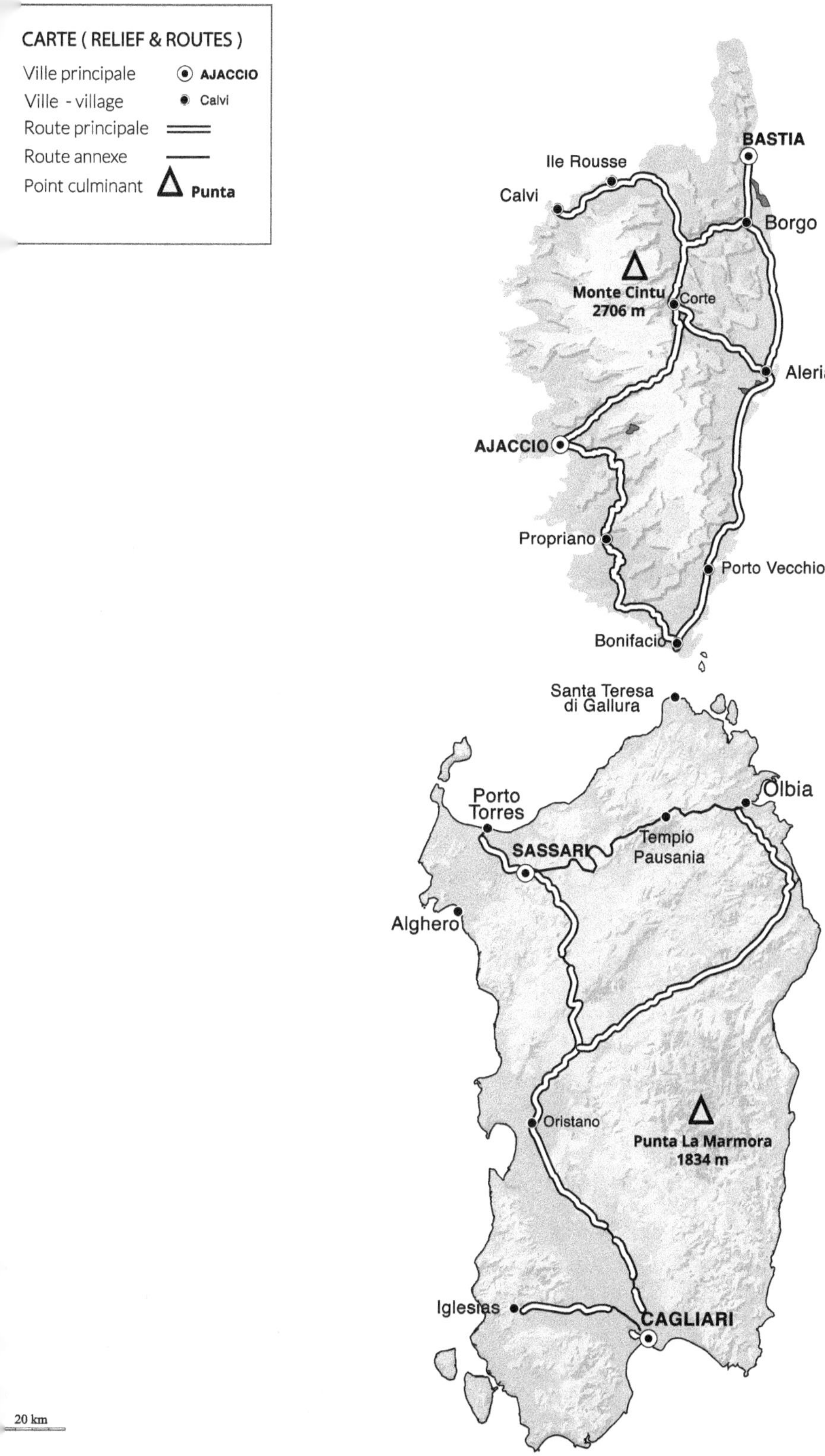
CARTE ( RELIEF & ROUTES )
Ville principale
AJACCIO
Ville - village
Calvi
Route principale
Route annexe
Point culminant
Punta
BASTIA
Ile Rousse
Calvi
Borgo
Monte Cintu
2706 m
Corte
Aleria
AJACCIO
Propriano
Porto Vecchio
Bonifacio
Santa Teresa
di Gallura
Olbia
Porto
Torres
SASSARI
Tempio
Pausania
Alghero
Oristano
Punta La Marmora
1834 m
Iglesias
CAGLIARI
20 km

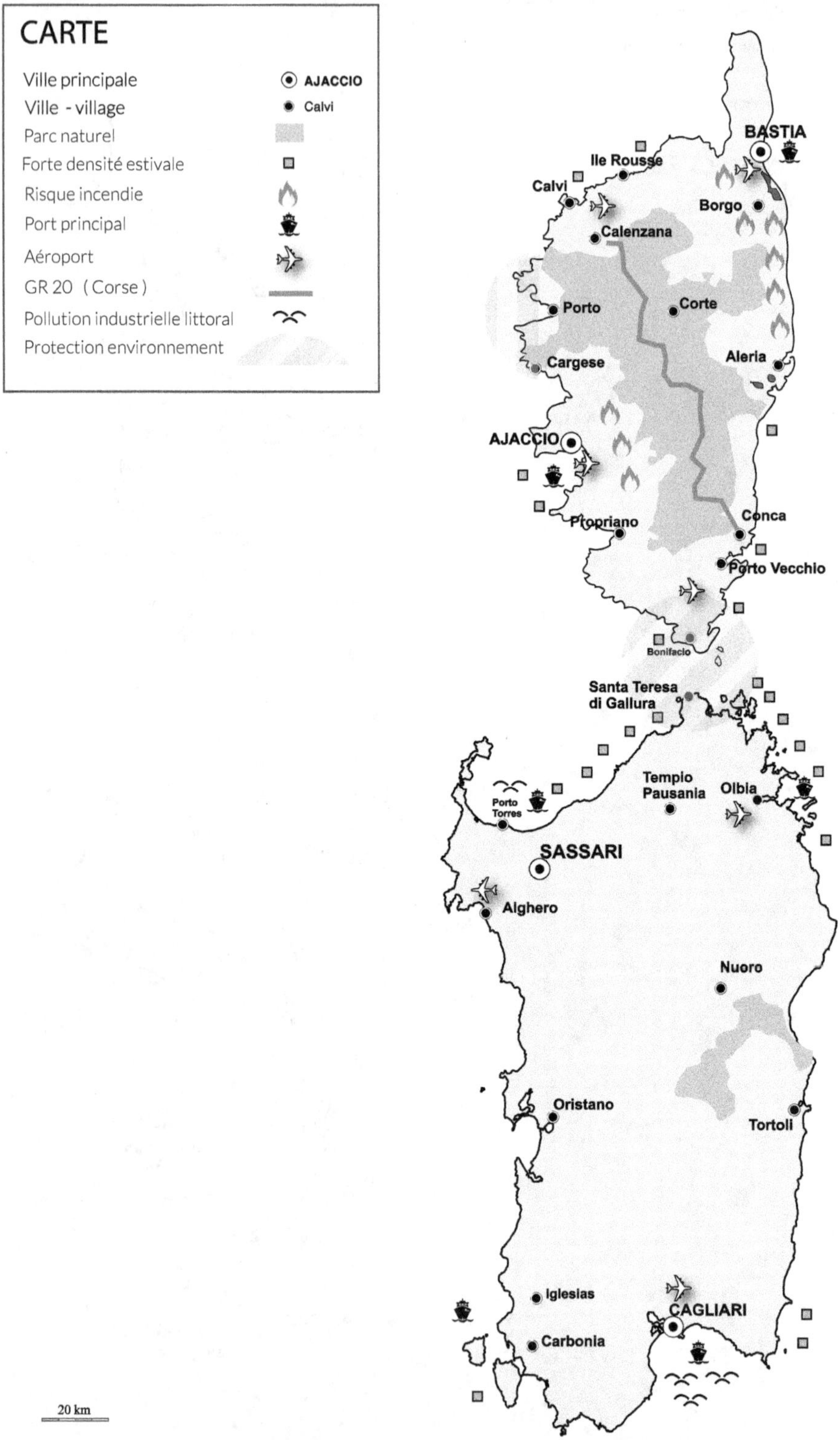
CARTE
Ville principale
AJACCIO
Ville - village
Calvi
Parc naturel
Forte densité estivale
Risque incendie
Port principal
Aéroport
GR 20 ( Corse )
Pollution industrielle littoral
Protection environnement
BASTIA
Ile Rousse
Calvi
Borgo
Calenzana
Porto
Corte
Aleria
Cargese
AJACCIO
Propriano
Conca
Porto Vecchio
Bonifacio
Santa Teresa
di Gallura
Tempio
Pausania
Olbia
Porto
Torres
SASSARI
Alghero
Nuoro
Oristano
Tortoli
Iglesias
CAGLIARI
Carbonia
20 km

# La Méditerranée aux éditions L'Harmattan

## *Dernières parutions*

**LA SÉCURITÉ EN MÉDITERRANÉE OCCIDENTALE**
**Face aux bouleversements au Maghreb et au Sahara**
*Sous la direction d'Abdenour Benantar et Salim Chena*
Depuis 2011 les enjeux de sécurité qui traversent la Méditerranée se recomposent à un rythme effréné. Les organisations internationales et les États font face à des défis sans précédents : transnationalisation du terrorisme, effondrement de la Libye, transitions inachevées, intensifications des mobilités humaines, interventions étrangères au Maghreb et au Sahel. Cette nouvelle configuration impose de repenser les conditions de la sécurité dans la région dans un contexte changeant.
*(Coll. Bibliothèque de l'iReMMO, 12.00 euros, 122 p.)*
*ISBN : 978-2-343-06299-0, ISBN EBOOK : 978-2-336-38138-1*

**TERRE ET MER : RESSOURCES VITALES POUR LA MÉDITERRANÉE**
*Sous la direction de Cosimo Lacirignola*
L'année 2015 marque le 20e anniversaire de la Déclaration de Barcelone qui avait donné naissance au partenariat euro-méditerranéen. L'accès aux ressources naturelles et à l'alimentation demeure aujourd'hui au cœur des débats. Cet ouvrage centré sur l'espace méditerranéen se propose d'analyser le potentiel socio-économique des secteurs agricoles et halieutiques et questionne nos habitudes alimentaires et notre responsabilité sociale et environnementale face aux ressources vitales que sont la terre et la mer. (Des articles en français et en anglais).
*(Coll. Bibliothèque de l'iReMMO, 12.00 euros, 184 p.)*
*ISBN : 978-2-343-05909-9, ISBN EBOOK : 978-2-336-37358-4*

**GÉOPOLITIQUE ET MÉDITERRANÉE (Volume 1)**
**La Méditerranée : un espace imaginaire et fracturé**
*Coustillière Jean-François, Vallaud Pierre*
L'espace méditerranéen vient de connaître, à vingt ans d'intervalle, deux événements qui ont totalement bouleversé les relations internationales dans cet espace : la fin de l'affrontement Est-Ouest en 1991 et les révoltes arabes en 2011. La question des relations internationales en Méditerranée et de la recherche de sécurité dans la région est centrale. Ce volume 1 a pour objet de rappeler les paramètres pérennes et les facteurs de tension ou de conflits qui agitent la région.
*(Coll. Bibliothèque de l'iReMMO, 12.00 euros, 92 p.)*
*ISBN : 978-2-343-04830-7, ISBN EBOOK : 978-2-336-36451-3*

**GÉOPOLITIQUE EN MÉDITERRANÉE (Volume 2)**
**La Méditerranée : stratégies en présence et enjeux**
*Coustillière Jean-François, Vallaud Pierre*

Après un bref rappel historique et géographique resituant dans le volume 1 les paramètres pérennes de l'espace méditerranéen, ses fractures et ses fragilités, ainsi que ses crises et tensions, ce volume 2 s'attache à examiner les perceptions, les objectifs et les stratégies mis en œuvre par les grands acteurs impliqués dans cet espace, avant de mesurer les risques et les menaces qui pèsent sur celui-ci et d'identifier les enjeux.

*(Coll. Bibliothèque de l'iReMMO, 12.00 euros, 118 p.)*
*ISBN : 978-2-343-04831-4, ISBN EBOOK : 978-2-336-36452-0*

**PROCESSUS D'IDENTIFICATION EN MÉDITERRANÉE**
**Reconfiguration des liens sociaux et des identités**
*Sous la direction de Sihem Najar*

Cet ouvrage questionne le processus des constructions identitaires et les nouvelles formes de liens sociaux en Méditerranée. La perspective socio-anthropologique adoptée s'attache à détecter des stratégies identitaires spécifiques aux deux rives. La diversité des terrains d'observation et des thématiques questionnées apportera au lecteur les outils nécessaires pour mieux mesurer l'actuelle complexité des recompositions identitaires du bassin méditerranéen.

*(Coll. Socio-anthropologie des mondes méditerranéens, 20.00 euros, 198 p.)*
*ISBN : 978-2-343-03742-4, ISBN EBOOK : 978-2-336-36301-1*

**MOBILISATIONS RURALES EN MÉDITERRANÉE**
*Sous la direction de Sébastien Abis*

En Méditerranée, les transitions politiques, les enjeux économiques, les urgences environnementales et le défi de la gouvernance ne se limitent pas aux villes et aux littoraux. Les mondes ruraux et les acteurs agricoles en sont des éléments moteurs. Cet ouvrage collectif propose de nouvelles clefs de lecture en offrant un panorama actualisé sur les forces syndicales agricoles de plusieurs pays de la région et en analysant la politique agricole de l'Union européenne, l'état des systèmes forestiers et l'évolution des agricultures familiales.

*(Coll. Bibliothèque de l'iReMMO, 12.00 euros, 164 p.)*
*ISBN : 978-2-343-03723-3, ISBN EBOOK : 978-2-336-35098-1*

**MÉDITERRANÉE (LA) DANS LA GUERRE**
**8 NOVEMBRE 1942 - 9 SEPTEMBRE 1943**
**L'histoire revisitée**
*Bisson Jean*

La prise d'Alger par les Alliés dans la nuit du 7 au 8 novembre 1942 ne fut pas le simple coup de main envisagé par la Royal Navy, qui y perdit deux destroyers. En revanche, la reddition de Malte le 9 septembre 1943 marqua la victoire des Britanniques en Méditerranée. L'auteur tire de l'oubli une étape majeure de l'histoire navale de la Seconde Guerre mondiale grâce à la consultation de documents désormais disponibles.

*(Coll. Histoire et perspectives méditerranéennes, 44.00 euros, 440 p.)*
*ISBN : 978-2-296-99777-6, ISBN EBOOK : 978-2-296-51659-5*

**POUR UN FÉMINISME MÉDITERRANÉEN**
*Fawzia Zouari*
Réfléchir à la formule d'un féminisme méditerranéen, c'est dépasser le modèle des débats vains autour de «cette inégalité des sexes qui n'en finit nulle part de finir», disait J. Berque. Pour l'auteur, l»approche méditerranéenne» consisterait à trouver au féminisme une tonalité plus authentique, plus savoureuse, plus chargée de sens. Si les femmes de la Méditerranée ont un rôle à jouer, c'est, entre autres, de renouer le dialogue entre les communautés et les cultures, de redonner à cette région des raisons d'espérer.
*(Coll. Bibliothèque de l'iReMMO, 12.00 euros, 104 p.)*
*ISBN : 978-2-296-99428-7, ISBN EBOOK : 978-2-296-51035-7*

**CHYPRE GÉOPOLITIQUE ET MINORITÉS**
*Kazarian Nicolas*
La position de carrefour de Chypre confirme jusqu'à aujourd'hui sa mosaïque ethnique et religieuse. Latins, Arméniens, Maronites, Roms, voire Juifs, Russes et tant d'autres, participent au destin multiculturel de l'île. La dimension territoriale des deux principaux projets nationalistes chypriotes, grec et turc, est aussi à prendre en compte. La géopolitique à Chypre tient une place déterminante dans la constitution de ses communautés minoritaires, anciennes comme nouvelles.
*(31.00 euros, 304 p.)*
*ISBN : 978-2-336-00379-5, ISBN EBOOK : 978-2-296-50827-9*

**POUR LE FUTUR DE LA MÉDITERRANÉE : L'AGRICULTURE**
*Abis Sébastien*
Si les révoltes des pays arabes méditerranéens ne sont pas des émeutes de la faim, les insécurités alimentaires et la fragilité des zones rurales constituent de puissants catalyseurs dans l'expression des revendications politiques en faveur d'une plus grande justice sociale et territoriale. Tout comme d'autres matières premières, les produits alimentaires sont fondamentaux dans l'équilibre et la stabilité de la nation. Cette réalité va-t-elle s'imposer dans l'agenda de coopération avec les pays méditerranéens ?
*(Coll. Bibliothèque de l'iReMMO, 10.00 euros, 152 p.)*
*ISBN : 978-2-336-00221-7, ISBN EBOOK : 978-2-296-50781-4*

**RÉPUBLIQUE (LA) EN MÉDITERRANÉE**
**Diffusions, espaces et cultures républicaines en France, Italie et Espagne (XVIIIe-XXe siècles)**
*Sous la direction de Luis P. Martin, Jean-Paul Pellegrinetti et Jérémy Guedj*
Fille de la Méditerranée, la République entretient avec cet espace géographique et culturel un lien historique privilégié. Dans le sillage et l'héritage de la République romaine des temps antiques ou des Républiques italiennes de l'époque moderne, République et Méditerranée se rencontrent de nouveau à l'époque contemporaine. Les diverses modalités participant du «phénomène républicain» se manifestent en plusieurs contrées selon des temporalités et des modes qui appellent une comparaison internationale.
*(Coll. Cliopolis, 38.50 euros, 392 p.)*
*ISBN : 978-2-296-99442-3, ISBN EBOOK : 978-2-296-50393-9*

**LANGUES ET MÉDIAS EN MÉDITERRANÉE**
*Lachkar Abdenbi - Préface de Teddy Arnavielle*
A travers l'étude des langues et des médias, plusieurs critères de reconnaissance interviennent pour donner une représentation d'un individu ou d'une culture dans un espace en évolution comme celui de la Méditerranée. C'est pour cette raison que les auteurs rendent compte, ici, de la situation des langues écrites ou orales en contact. En plus de l'aspect linguistique, socioculturel et communicatif, voici une vision d'ensemble des langues et des médias.
*(Coll. Langue et parole, 24.00 euros, 242 p.)*
*ISBN : 978-2-296-96717-5, ISBN EBOOK : 978-2-296-50240-6*

**L'HARMATTAN ITALIA**
Via Degli Artisti 15; 10124 Torino
harmattan.italia@gmail.com

**L'HARMATTAN HONGRIE**
Könyvesbolt ; Kossuth L. u. 14-16
1053 Budapest

**L'HARMATTAN KINSHASA**
185, avenue Nyangwe
Commune de Lingwala
Kinshasa, R.D. Congo
(00243) 998697603 ou (00243) 999229662

**L'HARMATTAN CONGO**
67, av. E. P. Lumumba
Bât. – Congo Pharmacie (Bib. Nat.)
BP2874 Brazzaville
harmattan.congo@yahoo.fr

**L'HARMATTAN GUINÉE**
Almamya Rue KA 028, en face
du restaurant Le Cèdre
OKB agency BP 3470 Conakry
(00224) 657 20 85 08 / 664 28 91 96
harmattanguinee@yahoo.fr

**L'HARMATTAN MALI**
Rue 73, Porte 536, Niamakoro,
Cité Unicef, Bamako
Tél. 00 (223) 20205724 / +(223) 76378082
poudiougopaul@yahoo.fr
pp.harmattan@gmail.com

**L'HARMATTAN CAMEROUN**
TSINGA/FECAFOOT
BP 11486 Yaoundé
699198028/675441949
harmattancam@yahoo.com

**L'HARMATTAN CÔTE D'IVOIRE**
Résidence Karl / cité des arts
Abidjan-Cocody 03 BP 1588 Abidjan 03
(00225) 05 77 87 31
etien_nda@yahoo.fr

**L'HARMATTAN BURKINA**
Penou Achille Some
Ouagadougou
(+226) 70 26 88 27

**L'HARMATTAN SÉNÉGAL**
10 VDN en face Mermoz, après le pont de Fann
BP 45034 Dakar Fann
33 825 98 58 / 33 860 9858
senharmattan@gmail.com / senlibraire@gmail.com
www.harmattansenegal.com

www.ingramcontent.com/pod-product-compliance
Lightning Source LLC
LaVergne TN
LVHW051400061026
849535LV00009B/3277
* 9 7 8 2 3 4 3 1 2 3 4 8 6 *